Georg Büchner
Friedrich Ludwig Weidig

Der Hessische Landbote

Studienausgabe

Herausgegeben
von Gerhard Schaub

Philipp Reclam jun. Stuttgart

Universal-Bibliothek Nr. 9486
Alle Rechte vorbehalten
© 1996 Philipp Reclam jun. GmbH & Co., Stuttgart
Gesamtherstellung: Reclam, Ditzingen. Printed in Germany 1996
RECLAM und UNIVERSAL-BIBLIOTHEK sind eingetragene Marken
der Philipp Reclam jun. GmbH & Co., Stuttgart
ISBN 3-15-009486-0

Der Hessische Landbote

Paralleldruck der Auflagen
vom Juli und November 1834

Der Hessische Landbote

Erste Botschaft

Darmstadt, im Juli 1834.

Vorbericht.

Dieses Blatt soll dem hessischen Lande die Wahrheit melden, aber wer die Wahrheit sagt, wird gehenkt, ja sogar der, welcher die Wahrheit liest, wird durch meineidige Richter vielleicht gestraft. Darum haben die, welchen dies Blatt zukommt, folgendes zu beobachten:

1) Sie müssen das Blatt sorgfältig außerhalb ihres Hauses vor der Polizei verwahren;
2) sie dürfen es nur an treue Freunde mittheilen;
3) denen, welchen sie nicht trauen, wie sich selbst, dürfen sie es nur heimlich hinlegen;
4) würde das Blatt dennoch bei Einem gefunden, der es gelesen hat, so muß er gestehen, daß er es eben dem Kreisrath habe bringen wollen;
5) wer das Blatt nicht gelesen hat, wenn man es bei ihm findet, der ist natürlich ohne Schuld.

Friede den Hütten! Krieg den Pallästen!

Im Jahr 1834 siehet es aus, als würde die Bibel Lügen gestraft. Es sieht aus, als hätte Gott die Bauern und Handwerker am 5ten Tage, und die Fürsten und Vornehmen am 6ten gemacht, und als hätte der Herr zu diesen gesagt: Herrschet über alles Gethier, das auf Erden kriecht, und hätte die Bauern und Bürger zum Gewürm gezählt. Das Leben der Vornehmen ist ein langer Sonntag, sie wohnen in schönen Häusern, sie tragen zierliche Kleider, sie haben fei-

Der hessische Landbote

Erste Botschaft

Darmstadt, im Nov. 1834.

5

10

15

Friede den Hütten! Krieg den Palästen!   20

   Im Jahr 1834 siehet es aus, als würde die Bibel Lügen
gestraft. Es sieht aus, als hätte Gott die Bauern und Handwerker am 5ten Tage, und die Fürsten und Großen   am
6ten gemacht, und als hätte der Herr zu diesen gesagt:
Herrschet über alles Gethier, das auf Erden kriecht, und 25
hätte die Bauern und Bürger zum Gewürm gezählt. Das
Leben der Fürsten ist ein langer Sonntag;

ste Gesichter und reden eine eigne Sprache; das Volk aber
liegt vor ihnen wie Dünger auf dem Acker. Der Bauer geht
hinter dem Pflug, der Vornehme   aber geht hinter
ihm und dem Pflug und treibt ihn mit den Ochsen am
5 Pflug, er   nimmt das Korn und läßt ihm   die
Stoppeln. Das Leben des Bauern ist ein langer Werktag;
Fremde verzehren seine Aecker vor seinen Augen, sein
Leib ist eine Schwiele, sein Schweiß ist das Salz auf dem
Tische des Vornehmen.
10   Im Großherzogthum Hessen sind 718,373 Einwohner,
die geben an den Staat jährlich an 6,363,364 Gulden, als

1) Direkte Steuern	2,128,131	fl.
2) Indirecte Steuern	2,478,264	»
3) Domänen	1,547,394	»
4) Regalien	46,938	»
5) Geldstrafen	98,511	»
6) Verschiedene Quellen	64,198	»
	6,363,363	fl.

    Dies Geld ist der Blutzehnte, der von dem Leib des
20 Volkes genommen wird. An 700,000 Menschen schwitzen,
stöhnen und hungern dafür. Im Namen des Staates wird es
erpreßt, die Presser berufen sich auf die Regierung und
die Regierung sagt, das sey nöthig die Ordnung im Staat
zu erhalten. Was ist denn nun das für gewaltiges Ding: der
25 Staat? Wohnt eine Anzahl Menschen in einem Land und es
sind Verordnungen oder Gesetze vorhanden, nach denen jeder sich richten muß, so sagt man, sie bilden einen Staat.
Der Staat also sind Alle; die Ordner im Staate sind die Gesetze, durch welche das Wohl Aller gesichert wird, und die
30 aus dem Wohl Aller hervorgehen sollen. – Seht nun, was
man in dem Großherzogthum aus dem Staat gemacht hat;
seht was es heißt: die Ordnung im Staate erhalten! 700,000
Menschen bezahlen dafür 6 Millionen, d. h. sie werden zu
Ackergäulen und Pflugstieren gemacht, damit sie in Ord-

das Volk aber liegt vor ihnen wie Dünger auf dem Acker. Der Bauer geht hinter dem Pflug, der Beamte des Fürsten geht aber hinter dem Bauer　　und treibt ihn mit den Ochsen am Pflug; der Fürst nimmt das Korn und läßt dem Volke die 5 Stoppeln. Das Leben des Bauern ist ein langer Werktag; Fremde verzehren seine Aecker vor seinen Augen, sein Leib ist eine Schwiele, sein Schweiß ist das Salz auf dem Tische des Zwingherrn.

Im Großherzogthum Hessen sind 718,373 Einwohner, 10 die geben an den Staat jährlich an 6,363,364 Gulden, als

1) Direkte Steuern	2,128,131	fl.
2) Indirekte Steuern	2,478,264	»
3) Domänen	1,547,394	»
4) Regalien	46,938	»
5) Geldstrafen	98,511	»
6) Verschiedene Quellen	64,198	»
	6,363,363	fl.

Dies Geld ist der Blutzehnte, der von dem Leib des Volkes genommen wird. An 700,000 Menschen schwitzen, 20 stöhnen und hungern dafür. Im Namen des Staates wird es erpreßt, die Presser berufen sich auf die Regierung und die Regierung sagt, das sey nöthig, die Ordnung im Staat zu erhalten. Was ist denn nun das für gewaltiges Ding: der Staat? Wohnt eine Anzahl Menschen in einem Land und es 25 sind Verordnungen oder Gesetze vorhanden, nach denen jeder sich richten muß, so sagt man, sie bilden einen Staat. Der Staat also sind Alle; die Ordner im Staate sind die Gesetze, durch welche das Wohl Aller gesichert wird, und die aus dem Wohl Aller hervorgehen sollen. – Seht nun, was 30 man in dem Großherzogthum aus dem Staat gemacht hat; seht was es heißt: die Ordnung im Staate erhalten! 700,000 Menschen bezahlen dafür 6 Millionen, d. h. sie werden zu Ackergäulen und Pflugstieren gemacht, damit sie in Ord-

nung leben. In Ordnung leben heißt hungern und geschunden werden.

Wer sind denn die, welche diese Ordnung gemacht haben,
und die wachen, diese Ordnung zu erhalten? Das ist die
5 Großherzogliche Regierung. Die Regierung wird gebildet
von dem Großherzog und seinen obersten Beamten. Die
andern Beamten sind Männer, die von der Regierung berufen werden, um jene Ordnung in Kraft zu erhalten. Ihre
Anzahl ist Legion: Staatsräthe und Regierungsräthe, Land-
10 räthe und Kreisräthe, Geistliche Räthe und Schulräthe, Finanzräthe und Forsträthe u.s.w. mit allem ihrem Heer von
Secretären u.s.w. Das Volk ist ihre Heerde, sie sind seine
Hirten, Melker und Schinder; sie haben die Häute der Bauern an, der Raub der Armen ist in ihrem Hause; die Thrä-
15 nen der Wittwen und Waisen sind das Schmalz auf ihren
Gesichtern; sie herrschen frei und ermahnen das Volk zur
Knechtschaft. Ihnen gebt ihr 6,000,000 fl. Abgaben; sie haben dafür die Mühe, euch zu regieren; d.h. sich von euch
füttern zu lassen und euch eure Menschen- und Bürger-
20 rechte zu rauben. Sehet,   was die Ernte eures Schweißes
ist.

Für das Ministerium des Innern und der Gerechtigkeitspflege werden bezahlt 1,110,607 Gulden. Dafür habt ihr
einen Wust von Gesetzen, zusammengehäuft aus willkühr-
25 lichen Verordnungen aller Jahrhunderte, meist geschrieben
in einer fremden Sprache. Der Unsinn aller vorigen Geschlechter hat sich darin auf euch vererbt, der Druck, unter
dem sie erlagen, sich auf euch fortgewälzt. Das Gesetz ist
das Eigenthum einer unbedeutenden Klasse von Vorneh-
30 men und Gelehrten, die sich durch ihr eignes Machwerk die
Herrschaft zuspricht. Diese Gerechtigkeit ist nur ein Mittel,
euch in Ordnung zu halten, damit man euch bequemer
schinde; sie spricht nach Gesetzen, die ihr nicht versteht,
nach Grundsätzen, von denen ihr nichts wißt, Urtheile, von
35 denen ihr nichts begreift. Unbestechlich ist sie, weil sie sich
gerade theuer genug bezahlen läßt, um keine Bestechung zu

nung leben. In Ordnung leben heißt hungern und geschunden werden.

Wer sind denn die, welche diese Ordnung gemacht haben, und die wachen, diese Ordnung zu erhalten? Das ist die Großherzogliche Regierung. Die Regierung wird gebildet von dem Großherzog und seinen obersten Beamten. Die andern Beamten sind Männer, die von der Regierung berufen werden, um jene Ordnung in Kraft zu erhalten. Ihre Anzahl ist Legion: Staatsräthe und Regierungsräthe, Landräthe und Kreisräthe, Geistliche Räthe und Schulräthe, Finanzräthe und Forsträthe u.s.w. mit allem ihrem Heer von Sekretären u.s.w. Das Volk ist ihre Heerde, sie sind seine Hirten, Melker und Schinder.

Ihnen gebt ihr 6,000,000 fl. Abgaben; sie haben dafür die Mühe, euch zu regieren; d.h. sich von euch füttern zu lassen und euch eure Menschen- und Bürgerrechte zu rauben. Sehet nun, was die Ernte eures Schweißes ist.

Für das Ministerium des Inneren und der Gerechtigkeitspflege werden bezahlt 1,110,607 Gulden. Dafür habt ihr einen Wust von Gesetzen, zusammengehäuft aus willkührlichen Verordnungen aller Jahrhunderte, meist geschrieben in einer fremden Sprache. Der Unsinn aller vorigen Geschlechter hat sich darin auf euch vererbt, der Druck, unter dem sie erlagen, sich auf euch fortgewälzt.

Diese Gerechtigkeit ist nur ein Mittel, euch in Ordnung zu halten, damit man euch bequemer schinde; sie spricht nach Gesetzen, die ihr nicht versteht, nach Grundsätzen, von denen ihr nichts wißt, Urtheile, von denen ihr nichts begreift. Unbestechlich ist sie, weil sie sich gerade theuer genug bezahlen läßt, um keine Bestechung zu

brauchen. Aber die meisten ihrer Diener sind der Regierung mit Haut und Haar verkauft. Ihre Ruhestühle stehen auf einem Geldhaufen von 461,373 Gulden (so viel betragen die Ausgaben für die Gerichtshöfe und die Kriminalkosten).
5 Die Fräcke, Stöcke und Säbel ihrer unverletzlichen Diener sind mit dem Silber von 197,502 Gulden beschlagen (so viel kostet die Polizei überhaupt, die Gensdarmerie u.s.w.). Die Justiz ist in Deutschland seit Jahrhunderten die Hure der deutschen Fürsten. Jeden Schritt zu ihr müßt ihr mit Silber
10 pflastern, und mit Armuth und Erniedrigung erkauft ihr ihre Sprüche. Denkt an das Stempelpapier, denkt an euer Bücken in den Amtsstuben, und euer Wachestehen vor denselben. Denkt an die Sporteln für Schreiber und Gerichtsdiener. Ihr dürft euern Nachbar verklagen, der euch eine
15 Kartoffel stiehlt; aber klagt einmal über den Diebstahl, der von Staatswegen unter dem Namen von Abgabe und Steuern jeden Tag an eurem Eigenthum begangen wird, damit eine Legion unnützer Beamten sich von eurem Schweiße mästen: klagt einmal, daß ihr der Willkühr einiger Fettwän-
20 ste   überlassen seyd und daß diese Willkühr Gesetz heißt, klagt, daß ihr die Ackergäule des Staates seyd, klagt über eure verlorne Menschenrechte: Wo sind die Gerichtshöfe, die eure Klage annehmen, wo die Richter, die rechtsprächen? – Die Ketten eurer Vogelsberger Mitbürger, die
25 man nach Rokkenburg schleppte, werden euch Antwort geben.

Und will endlich ein Richter oder ein andrer Beamte von den Wenigen, welchen das Recht und das gemeine Wohl lieber ist, als ihr Bauch und der Mamon, ein Volksrath
30 und kein Volksschinder seyn, so wird er von den obersten Räthen des Fürsten selber geschunden.

Für das Ministerium der Finanzen 1,551,502 fl.

Damit werden die Finanzräthe, Obereinnehmer,
    Steuerboten, die Untererheber besoldet. Dafür wird
35 der Ertrag eurer Aecker berechnet und eure Köpfe gezählt. Der Boden unter euren Füßen, der Bissen zwischen euren

brauchen.   Die meisten Richter sind der Regierung
mit Haut und Haar verkauft. Ihre Ruhestühle stehen auf einem Geldhaufen von 461,473 Gulden (so viel betragen die
Ausgaben für die Gerichtshöfe und die Kriminalkosten).
Die Fräcke, Stöcke und Säbel ihrer unverletzlichen Diener 5
sind mit dem Silber von 197,502 Gulden beschlagen (so viel
kostet die Polizei überhaupt, die Gensdarmerie u. s. w.). Die
Justiz ist in Deutschland   die Hure der
Fürsten. Jeden Schritt zu ihr müßt ihr mit Silber
pflastern, und mit Armuth und Erniedrigung erkauft ihr 10
ihre Sprüche. Denkt an das Stempelpapier, denkt an euer
Bücken in den Amtsstuben, und euer Wachestehen vor denselben. Denkt an die Sporteln für Schreiber und Gerichtsdiener. Ihr dürft euern Nachbar verklagen, der euch eine
Kartoffel stiehlt; aber klagt einmal über den Diebstahl, der 15
von Staatswegen

[handschriftlich:] Klagen → haffnungslos

jeden Tag an eurem Eigenthum begangen wird, damit
eine Legion unnützer Beamte sich von eurem Schweiße
mästen; klagt einmal, daß ihr der Willkühr gewissenloser
Subjekte   überlassen seyd und daß diese Willkühr Gesetz 20
heißt; klagt, daß ihr die Ackergäule des Staates seyd; klagt
über eure verlorne Menschenrechte: Wo sind die Gerichtshöfe, die eure Klage annehmen? wo die Richter, die recht
sprächen? – Die Ketten eurer Vogelsberger Mitbürger, die
man nach Rokkenburg schleppte, werden euch Antwort 25
geben.
    Und will endlich ein Richter oder ein anderer Beamte
von den Wenigen, welchen das Recht und das gemeine Wohl
lieber ist, als ihr Bauch und der Mammon, ein Volksrath
und kein Volksschinder seyn, so wird er von den obersten 30
Räthen des Fürsten selber geschunden.
    Für das Ministerium der Finanzen 1,551,502 fl.
    Damit werden die Finanzräthe, Obereinnehmer, Rentbe-
amten, Steuerboten, die Untererheber besoldet. Dafür wird
der Ertrag eurer Aecker berechnet und eure Köpfe gezählt. 35
Der Boden unter euren Füßen, der Bissen zwischen euren

Zähnen ist besteuert. Dafür sitzen die Herren in Fräcken
beisammen und das Volk steht nackt und gebückt vor ihnen, sie legen die Hände an seine Lenden und Schultern
und rechnen aus, wie viel es noch tragen kann, und wenn
5 sie barmherzig sind, so geschieht es nur,
wie man ein Vieh schont, das man nicht so sehr angreifen
will.

Für das Militär wird bezahlt 914,820 Gulden.

Dafür kriegen eure Söhne einen bunten Rock auf den
10 Leib, ein Gewehr oder eine Trommel auf die Schulter und
dürfen jeden Herbst einmal blind schießen, und erzählen,
wie die Herren vom Hof, und die ungerathenen Buben vom
Adel allen Kindern ehrlicher Leute vorgehen, und mit ihnen in den breiten Straßen der Städte herumziehen mit
15 Trommlen und Trompeten. Für jene 900,000 Gulden müssen eure Söhne den Tyrannen schwören und Wache halten
an ihren Pallästen. Mit ihren Trommeln übertäuben sie eure
Seufzer, mit ihren Kolben zerschmettern sie euch den Schädel, wenn ihr zu denken wagt, daß ihr freie Menschen seyd.
20 Sie sind die gesetzlichen Mörder, welche die gesetzlichen
Räuber schützen, denkt an Södel! Eure Brüder, eure Kinder waren dort Brüder- und Vatermörder.

Für die Pensionen 480,000 Gulden.

Dafür werden die Beamten aufs Polster gelegt, wenn sie
25 eine gewisse Zeit dem Staate treu gedient haben, d. h. wenn
sie eifrige Handlanger bei der regelmäßig eingerichteten
Schinderei gewesen, die man Ordnung und Gesetz heißt.

Für das Staatsministerium und den Staatsrath 174,600
Gulden.

30 Die größten Schurken stehen wohl jetzt allerwärts in
Deutschland den Fürsten am nächsten, wenigstens im Großherzogthum:

Zähnen ist besteuert. Dafür sitzen die Herren in Fräcken beisammen und das Volk steht nackt und gebückt vor ihnen; sie legen die Hände an seine Lenden und Schultern, und rechnen aus, wie viel es noch tragen kann, und wenn sie barmherzig sind, so geschieht es nur in dem Maaße, wie man ein Vieh schont, das man noch ferner bei mäßigem Futter zu unmäßiger Arbeit gebrauchen will.

Für das Militair wird bezahlt 914,820 Gulden.

Dafür kriegen eure Söhne einen bunten Rock auf den Leib, ein Gewehr oder eine Trommel auf die Schulter und dürfen jeden Herbst einmal blind schießen, und erzählen, wie die Herren vom Hof, und die ungerathenen Buben vom Adel allen Kindern ehrlicher Leute vorgehen und mit ihnen in den breiten Straßen der Städte herumziehen mit Trommeln und Trompeten. Für jene 900,000 Gulden müssen eure Söhne den Tyrannen schwören und Wache halten an ihren Palästen. Mit ihren Trommeln übertäuben sie eure Seufzer, mit ihren Kolben zerschmettern sie euch den Schädel, wenn ihr zu denken wagt, daß ihr freie Menschen seyd. Sie sind die gesetzlichen Mörder, welche die gesetzlichen Räuber schützen, – denkt an Södel! Eure Brüder, eure Kinder waren dort Brüder- und Vatermörder.

Für die Pensionen 480,000 Gulden.

Dafür werden die Beamten aufs Polster gelegt, wenn sie eine gewisse Zeit dem Staate treu gedient haben, d. h. wenn sie eifrige Handlanger bei der regelmäßig eingerichteten Schinderei gewesen, die man Ordnung und Gesetz heißt.

Für das Staatsministerium und den Staatsrath 174,600 Gulden.

Die größten Schurken stehen wohl jetzt allerwärts in Deutschland den Fürsten am nächsten, wenigstens im Großherzogthum. Da ist der Staatsminister du Thil, der jährlich mit 15,000 Gulden besoldet wird, – also wenn er 30 Jahre lang Minister bleibt, für sich allein fast eine halbe Million verschlingt; da ist der Staatsrath Knapp, den der junge Gagern mit Zustimmung der Landstände den Rädelsführer

Kommt ja ein ehrlicher Mann in einen Staatsrath, so wird er
ausgestoßen. Könnte aber auch ein ehrlicher Mann jetzo
Minister seyn oder bleiben, so wäre er, wie die Sachen stehn
in Deutschland, nur eine Drahtpuppe, an der die fürstliche
Puppe zieht und an dem fürstlichen Popanz zieht wieder
ein Kammerdiener oder ein Kutscher oder seine Frau und
ihr Günstling, oder sein Halbbruder
                              – oder alle zusammen. In Deutsch-
land stehet es jetzt, wie der Prophet Micha schreibt, Cap. 7,
V. 3 und 4: »Die Gewaltigen rathen nach ihrem Muthwillen,
Schaden zu thun, und drehen es, wie sie es wollen. Der Beste unter ihnen ist wie ein Dorn, und der Redlichste wie
eine Hecke.« Ihr müßt die Dörner und Hecken theuer bezahlen, denn ihr müßt ferner für das großherzogliche Haus
und den Hofstaat 827,772 Gulden bezahlen.
    Die Anstalten, die Leute, von denen ich bis jetzt gespro-
chen, sind nur Werkzeuge, sind nur Diener. Sie thun nichts
in ihrem Namen, unter der Ernennung zu ihrem Amt, steht
ein L. das bedeutet Ludwig von Gottes Gnaden und sie
sprechen mit Ehrfurcht: »im Namen des Großherzogs.«
Dies ist ihr Feldgeschrei, wenn sie euer Geräth versteigern,
euer Vieh wegtreiben, euch in den Kerker werfen. Im Namen des Großherzogs sagen sie, und der Mensch, den sie so

einer treu- und ehrlosen Partei nannte; da ist überhaupt
kein Minister, der nicht zweifach meineidig wäre. Sie haben
geschworen, keine Steuern ohne Bewilligung der Landstände zu erheben; aber wenn diese nicht blind verwilligen,
so lösen sie dieselben auf – und abermals auf und erheben   5
die unverwilligten Steuern fort. Sie haben geschworen, die
Gerichte unangetastet und unabhängig zu lassen: aber Männer, wie den Präsidenten Minningerode, entfernen sie aus
den Kanzleien und bringen Richter hinein, wie den Millionendieb Weller; oder man übergiebt bürgerliche Sachen, wie   10
die Sache des Dr. Schulz, den Kriegsgerichten und läßt den
sogenannten Prinzen Emil bestimmen, wie viele Jahre der
Angeklagte auf die Festung verurtheilt werden soll. –
Kommt ja ein ehrlicher Mann in einen Staatsrath, so wird er
ausgestoßen. Könnte aber auch ein ehrlicher Mann jetzo   15
Minister seyn oder bleiben, so wäre er, wie die Sachen stehn
in Deutschland, nur eine Drahtpuppe, an der die fürstliche
Puppe zieht, und an dem fürstlichen Popanz zieht wieder
                                        seine Frau und
ihr Günstling, oder sein Halbbruder, oder ein Kammerdie-   20
ner oder ein Kutscher – oder alle zusammen. In Deutschland stehet es jetzt, wie der Prophet Micha schreibt Cap. 7,
V. 3 und 4: »Die Gewaltigen rathen nach ihrem Muthwillen,
Schaden zu thun, und drehen es, wie sie es wollen. Der Beste unter ihnen ist wie ein Dorn, und der Redlichste wie   25
eine Hecke.« Ihr müßt die Dörner und Hecken theuer bezahlen, denn ihr müßt ferner für das großherzogliche Haus
und den Hofstaat 827,772 Gulden bezahlen.

Die Anstalten, die Leute, von denen ich bis jetzt gesprochen, sind nur Werkzeuge, sind nur Diener. Sie thun nichts   30
in ihrem Namen, unter der Ernennung zu ihrem Amt steht
ein L., das bedeutet Ludwig von Gottes Gnaden und sie
sprechen mit Ehrfurcht: »im Namen des Großherzogs.«
Dies ist ihr Feldgeschrei, wenn sie euer Geräth versteigern,
euer Vieh wegtreiben, euch in den Kerker werfen. Im Na-   35
men des Großherzogs sagen sie, und der Mensch, den sie so

nennen, heißt: unverletzlich, heilig, souverain, königliche Hoheit. Aber tretet zu dem Menschenkinde und blickt durch seinen Fürstenmantel. Es ißt, wenn es hungert, und schläft wenn
sein Auge dunkel wird. Sehet, es kroch so nackt und weich in
5 die Welt, wie ihr und wird so hart und steif hinausgetragen,
wie ihr, und doch hat es seinen Fuß auf eurem Nacken, hat
700,000 Menschen an seinem Pflug, hat Minister die verantwortlich sind, für das, was es thut, hat Gewalt über euer Eigenthum durch die Steuern, die es ausschreibt, über euer Leben,
10 durch die Gesetze, die es macht, es hat adliche Herrn und
Damen um sich, die man Hofstaat heißt, und seine göttliche
Gewalt vererbt sich auf seine Kinder mit Weibern, welche
aus eben so übermenschlichen Geschlechtern sind.
     Wehe über euch Götzendiener! – Ihr seyd wie die Hei-
15 den, die das Krokodill anbeten, von dem sie zerrissen werden. Ihr setzt ihm eine Krone auf, aber es ist eine Dornenkrone, die ihr euch selbst in den Kopf drückt; ihr gebt ihm
ein Scepter in die Hand, aber es ist eine Ruthe, womit ihr
gezüchtigt werdet; ihr setzt ihn auf euern Thron, aber es ist
20 ein Marterstuhl für euch und eure Kinder. Der Fürst ist der
Kopf des Blutigels, der über euch hinkriecht, die Minister
sind seine Zähne und die Beamten sein Schwanz. Die hungrigen Mägen aller vornehmen Herren, denen er die hohen
Stellen vertheilt, sind Schröpfköpfe, die er dem Lande setzt.
25 Das L. was unter seinen Verordnungen steht, ist das Mahlzeichen des Thieres, das die Götzendiener unserer Zeit anbeten. Der Fürstenmantel ist der Teppich, auf dem sich die
Herren und Damen vom Adel und Hofe in ihrer Geilheit
übereinander wälzen – mit Orden und Bändern decken sie
30 ihre Geschwüre und mit kostbaren Gewändern bekleiden
sie ihre aussätzigen Leiber. Die Töchter des Volks sind ihre
Mägde und Huren, die Söhne des Volks ihre Laquaien und
Soldaten. Geht einmal nach Darmstadt und seht, wie die
Herren sich für euer Geld dort lustig machen, und erzählt
35 dann euern hungernden Weibern und Kindern, daß ihr
Brod an fremden Bäuchen herrlich angeschlagen sey, erzählt

nennen, heißt: unverletzlich, heilig, souverain, königliche Hoheit. Aber tretet zu dem Menschenkinde und blickt durch seinen Fürstenmantel. Es ißt, wenn es hungert, und schläft wenn sein Auge dunkel wird. Sehet, es kroch so nackt und weich in die Welt wie ihr und wird so hart und steif hinausgetragen, wie ihr, und doch hat es seinen Fuß auf eurem Nacken, hat 700,000 Menschen an seinem Pflug,

hat Gewalt über euer Eigenthum durch die Steuern, die es ausschreibt, über euer Leben durch die Gesetze, die es macht, es hat adliche Herren und Damen um sich, die man Hofstaat heißt, und seine göttliche Gewalt vererbt sich auf seine Kinder mit Weibern, welche aus eben so übermenschlichen Geschlechtern sind.

Wehe über euch Götzendiener! – Ihr seyd wie die Heiden, die das Krokodil anbeten, von dem sie zerrissen werden. Ihr setzt ihm eine Krone auf, aber es ist eine Dornenkrone, die ihr euch selbst in den Kopf drückt; ihr gebt ihm ein Scepter in die Hand, aber es ist eine Ruthe, womit ihr gezüchtigt werdet; ihr setzt ihn auf den Thron, aber es ist ein Marterstuhl für euch und eure Kinder. Der Fürst ist der Kopf des Blutigels, der über euch hinkriecht, die Minister sind seine Zähne und die Beamten sein Schwanz. Die hungrigen Mägen aller vornehmen Herren, denen er die hohen Stellen vertheilt, sind Schröpfköpfe, die er dem Lande setzt. Das L. was unter seinen Verordnungen steht, ist das Mahlzeichen des Thieres, das die Götzendiener unserer Zeit anbeten. Der Fürstenmantel ist der Teppich, auf dem sich die Herren und Damen vom Adel und Hofe in ihrer Geilheit übereinander wälzen – mit Orden und Bändern decken sie ihre Geschwüre und mit kostbaren Gewändern bekleiden sie ihre aussätzigen Leiber. Die Töchter des Volks sind ihre Mägde und Huren, die Söhne des Volks ihre Laquaien und Soldaten. Kommt einmal nach Darmstadt und seht, wie die Herren sich für euer Geld   lustig machen, und erzählt dann euren hungernden Weibern und Kindern

ihnen von den schönen Kleidern, die in ihrem Schweiß gefärbt, und von den zierlichen Bändern, die aus den Schwielen ihrer Hände geschnitten sind, erzählt von den stattli-
chen Häusern, die aus den Knochen des Volks gebaut sind;
5 und dann kriecht in eure rauchigen Hütten und bückt euch
auf euren steinichten Aeckern, damit eure Kinder auch einmal hingehen können, wenn ein Erbprinz mit einer Erbprinzessin für einen andern Erbprinzen Rath schaffen will,
und durch die geöffneten Glasthüren das Tischtuch sehen,
10 wovon die Herren speisen und die Lampen riechen, aus denen man mit dem Fett der Bauern illuminirt. Das alles duldet ihr, weil euch Schurken sagen: »diese Regierung sey von
Gott.« Diese Regierung ist nicht von Gott, sondern vom
Vater der Lügen. Diese deutschen Fürsten sind keine recht-
15 mäßige Obrigkeit, sondern die rechtmäßige Obrigkeit, den
deutschen Kaiser, der vormals vom Volke frei gewählt
wurde, haben sie seit Jahrhunderten verachtet und endlich
gar verrathen. Aus Verrath und Meineid, und nicht aus der
Wahl des Volkes ist die Gewalt der deutschen Fürsten
20 hervorgegangen, und darum ist ihr Wesen und Thun von
Gott verflucht; ihre Weisheit ist Trug, ihre Gerechtigkeit ist
Schinderei. Sie zertreten das Land und zerschlagen die Person des Elenden. Ihr lästert Gott, wenn ihr einen dieser
Fürsten einen Gesalbten des Herrn nennt, das heißt: Gott
25 habe die Teufel gesalbt und zu Fürsten über die deutsche
Erde gesetzt. Deutschland, unser liebes Vaterland, haben
diese Fürsten zerrissen, den Kaiser, den unsere freien Voreltern wählten, haben diese Fürsten verrathen und nun
fordern diese Verräther und Menschenquäler Treue von
30 euch! – Doch das Reich der Finsterniß neiget sich zum
Ende. Ueber ein Kleines und Deutschland, das jetzt die
Fürsten schinden, wird als ein Freistaat mit einer vom
Volk gewählten Obrigkeit wieder auferstehn. Die heilige Schrift sagt: Gebet dem Kaiser, was des Kaisers ist. Was
35 ist aber dieser Fürsten, der Verräther? – Das Theil von
Judas!

von den schönen Kleidern, die in ihrem Schweiß gefärbt, und von den zierlichen Bändern, die aus den Schwielen ihrer Hände geschnitten sind, erzählt von den stattli-
chen Häusern, die aus den Knochen des Volks gebaut sind;
und dann kriecht in eure rauchigen Hütten und bückt euch 5
auf euren steinigten Aeckern, damit eure Kinder auch einmal hingehen können, wenn ein Erbprinz mit einer Erbprinzessin für einen andern Erbprinzen Rath schaffen will,
und durch die geöffneten Glasthüren das Tischtuch sehen,
wovon die Herren speisen und die Lampen riechen, aus de- 10
nen man mit dem Fett der Bauern illuminirt. Das alles duldet ihr, weil euch Schurken sagen: »diese Regierung sey von
Gott.« Diese Regierung ist nicht von Gott, sondern vom
Vater der Lügen. Diese deutschen Fürsten sind keine rechtmäßige Obrigkeit, sondern die rechtmäßige Obrigkeit, den 15
deutschen Kaiser, der vormals vom Volke frei gewählt
wurde, haben sie seit Jahrhunderten verachtet und endlich
gar verrathen. Aus Verrath und Meineid, und nicht aus der
Wahl des Volkes ist die Gewalt der deutschen Fürsten
hervorgegangen, und darum ist ihr Wesen und Thun von 20
Gott verflucht; ihre Weisheit ist Trug, ihre Gerechtigkeit ist
Schinderei. Sie zertreten das Land und zerschlagen die Person des Elenden. Ihr lästert Gott, wenn ihr einen dieser
Fürsten einen Gesalbten des Herrn nennt, das heißt: Gott
habe die Teufel gesalbt und zu Fürsten über die deutsche 25
Erde gesetzt. Deutschland, unser liebes Vaterland, haben
diese Fürsten zerrissen, den Kaiser, den unsre freien Voreltern wählten, haben diese Fürsten verrathen und nun
fordern diese Verräther und Menschenquäler Treue von
euch! – Doch das Reich der Finsterniß neigt sich zum 30
Ende. Ueber ein Kleines und Deutschland, das jetzt die
Fürsten schinden, wird als ein Freistaat mit einer vom
Volk gewählten Obrigkeit wieder auferstehn. Die heilige Schrift sagt: Gebet dem Kaiser, was des Kaisers ist. Was
ist aber dieser Fürsten, der Verräther? – Das Theil von 35
Judas!

Für die Landstände 16,000 Gulden.

Im Jahr 1789 war das Volk in Frankreich müde, länger die
Schindmähre seines Königs zu seyn. Es erhob sich und be-
rief Männer, denen es vertraute, und die Männer traten zu-
5 sammen und sagten, ein König sey ein Mensch wie ein anderer auch, er sey nur der erste Diener im Staat, er müsse sich
vor dem Volk verantworten und wenn er sein Amt schlecht
verwalte, könne er zur Strafe gezogen werden. Dann erklärten sie die Rechte des Menschen: »Keiner erbt vor dem an-
10 dern mit der Geburt ein Recht oder einen Titel, keiner er-
wirbt mit dem Eigenthum ein Recht vor dem andern. Die
höchste Gewalt ist in dem Willen Aller oder der Mehrzahl.
Dieser Wille ist das Gesetz, er thut sich kund durch die
Landstände oder die Vertreter des Volks, sie werden von
15 Allen gewählt und Jeder kann gewählt werden; diese Gewählten sprechen den Willen ihrer Wähler aus, und so entspricht der Wille der Mehrzahl unter ihnen dem Willen der
Mehrzahl unter dem Volke; der König hat nur für die Ausübung der von ihnen erlassenen Gesetze zu sorgen.« Der
20 König schwur dieser Verfassung treu zu seyn, er wurde
aber meineidig an dem Volke und das Volk richtete ihn, wie
es einem Verräther geziemt. Dann schafften die Franzosen
die erbliche Königswürde ab und wählten frei eine neue
Obrigkeit, wozu jedes Volk nach der Vernunft und der hei-
25 ligen Schrift das Recht hat. Die Männer, die über die Voll-
ziehung der Gesetze wachen sollten, wurden von der Versammlung der Volksvertreter ernannt, sie bildeten die neue
Obrigkeit. So waren Regierung und Gesetzgeber vom Volk
gewählt und Frankreich war ein Freistaat.
30   Die übrigen Könige aber entsetzten sich vor der Gewalt
des französischen Volkes, sie dachten, sie könnten alle über
der ersten Königsleiche den Hals brechen und ihre mißhan-
delten Unterthanen möchten bei dem Freiheitsruf der Franken erwachen. Mit gewaltigem Kriegsgeräth und reisigem
35 Zeug stürzten sie von allen Seiten auf Frankreich und ein
großer Theil der Adligen und Vornehmen im Lande stand

Für die Landstände 16,000 Gulden.

Im Jahr 1789 war das Volk in Frankreich müde, länger die
Schindmähre seines Königs zu seyn. Es erhob sich und be-
rief Männer, denen es vertraute, und die Männer traten zusammen und sagten, ein König sei ein Mensch wie ein anderer auch, er sei nur der erste Diener im Staat, er müsse sich
vor dem Volk verantworten und wenn er sein Amt schlecht
verwalte, könne er zur Strafe gezogen werden. Dann erklärten sie die Rechte des Menschen: »Keiner erbt vor dem andern mit der Geburt ein Recht oder einen Titel, keiner er-
wirbt mit dem Eigenthum ein Recht vor dem andern. Die
höchste Gewalt ist in dem Willen Aller oder der Mehrzahl.
Dieser Wille ist das Gesetz, er thut sich kund durch die
Landstände oder die Vertreter des Volks, sie werden von
Allen gewählt und Jeder kann gewählt werden; diese Gewählten sprechen den Willen ihrer Wähler aus, und so entspricht der Wille der Mehrzahl unter ihnen dem Willen der
Mehrzahl unter dem Volke; der König hat nur für die Ausübung der von ihnen erlassenen Gesetze zu sorgen.« Der
König schwur dieser Verfassung treu zu seyn, er wurde
aber meineidig an dem Volke und das Volk richtete ihn, wie
es einem Verräther geziemt. Dann schafften die Franzosen
die erbliche Königswürde ab und wählten frei eine neue
Obrigkeit, wozu jedes Volk nach der Vernunft und der heiligen Schrift das Recht hat. Die Männer, die über die Voll-
ziehung der Gesetze wachen sollten, wurden von der Versammlung der Volksvertreter ernannt, sie bildeten die neue
Obrigkeit. So waren Regierung und Gesetzgeber vom Volk
gewählt und Frankreich war ein Freistaat.

Die übrigen Könige aber entsetzten sich vor der Gewalt
des französischen Volkes, sie dachten, sie könnten alle über
der ersten Königsleiche den Hals brechen und ihre mißhan-
delten Unterthanen möchten bei dem Freiheitsruf der Franken erwachen. Mit gewaltigem Kriegsgeräth und reisigem
Zeug stürzten sie von allen Seiten auf Frankreich und ein
großer Theil der Adligen und Vornehmen im Lande

auf und schlug sich zu dem Feind. Da ergrimmte das Volk
und erhob sich in seiner Kraft. Es erdrückte die Verräther
und zerschmetterte die Söldner der Könige. Die junge Freiheit wuchs im Blut der Tyrannen und vor ihrer Stimme beb-
5 ten die Throne und jauchzten die Völker. Aber die Franzosen verkauften selbst ihre junge Freiheit für den Ruhm, den
ihnen Napoleon darbot, und erhoben ihn auf den Kaiser-
thron. – Da ließ der Allmächtige das Heer des Kaisers in
Rußland erfrieren und züchtigte Frankreich durch die
10 Knute der Kosacken und gab den Franzosen die dickwan-
stigen Bourbonen wieder zu Königen, damit Frankreich
sich bekehre vom Götzendienst der erblichen Königsherrschaft und dem Gotte diene, der die Menschen frei und
gleich geschaffen. Aber als die Zeit seiner Strafe verflossen
15 war, und tapfere Männer im Julius 1830 den meineidigen
König Karl den Zehnten aus dem Lande jagten, da wendete
dennoch das befreite Frankreich sich abermals zur halb-
erblichen Königsherrschaft und band sich in dem Heuch-
ler Louis Philipp eine neue Zuchtruthe auf. In Deutschland
20 und ganz Europa aber war große Freude als der zehnte Karl
vom Thron gestürzt ward, und die unterdrückten deutschen
Länder richteten sich zum Kampf für die Freiheit. Da rathschlagten die Fürsten, wie sie dem Grimm des Volkes entgehen sollten und die listigen unter ihnen sagten: Laßt uns
25 einen Theil unserer Gewalt abgeben, daß wir das Uebrige
behalten. Und sie traten vor das Volk und sprachen: Wir
wollen euch die Freiheit schenken um die ihr kämpfen
wollt. – Und zitternd vor Furcht warfen sie einige Brocken
hin und sprachen von ihrer Gnade. Das Volk traute ihnen
30 leider und legte sich zur Ruhe. – Und so ward Deutschland
betrogen wie Frankreich.

　　　Denn was sind diese Verfassungen in Deutschland?
Nichts als leeres Stroh, woraus die Fürsten die Körner für
sich herausgeklopft haben. Was sind unsere Landtage?
35 Nichts als langsame Fuhrwerke, die man einmal oder zwei-
mal wohl der Raubgier der Fürsten und ihrer Minister in

schlug sich zu dem Feind. Da ergrimmte das Volk
und erhob sich in seiner Kraft. Es erdrückte die Verräther
und zerschmetterte die Söldner der Könige. Die junge Freiheit wuchs im Blut der Tyrannen und vor ihrer Stimme beb-
ten die Throne und jauchzten die Völker. Aber die Franzo- 5
sen verkauften selbst ihre junge Freiheit für den Ruhm, den
ihnen Napoleon darbot, und erhoben ihn auf den Kaiser-
thron. – Da ließ der Allmächtige das Heer des Kaisers in
Rußland erfrieren und züchtigte Frankreich durch die
Knute der Kosacken und gab den Franzosen die dickwan- 10
stigen Bourbonen wieder zu Königen, damit Frankreich
sich bekehre vom Götzendienst der erblichen Königsherrschaft und dem Gotte diene, der die Menschen frei und
gleich geschaffen. Aber als die Zeit seiner Strafe verflossen
war, und tapfere Männer im Julius 1830 den meineidigen 15
König Karl den Zehnten aus dem Lande jagten, da wendete
dennoch das befreite Frankreich sich abermals zur halb-
erblichen Königsherrschaft und band sich in dem Heuch-
ler Louis Philipp eine neue Zuchtruthe auf. In Deutschland
und ganz Europa aber war große Freude, als der zehnte Karl 20
vom Thron gestürzt ward, und die unterdrückten deutschen
Länder richteten sich zum Kampf für die Freiheit. Da rathschlagten die Fürsten, wie sie dem Grimm des Volkes entgehen sollten und die listigen unter ihnen sagten: Laßt uns
einen Theil unserer Gewalt abgeben, daß wir das Uebrige 25
behalten. Und sie traten vor das Volk und sprachen: Wir
wollen euch die Freiheit schenken, um die ihr kämpfen
wollt. – Und zitternd vor Furcht warfen sie einige Brocken
hin und sprachen von ihrer Gnade. Das Volk traute ihnen
leider und legte sich zur Ruhe. – Und so ward Deutschland 30
betrogen wie Frankreich.

Denn was sind diese Verfassungen in Deutschland?
Nichts als leeres Stroh, woraus die Fürsten die Körner für
sich herausgeklopft haben. Was sind unsere Landtage?
Nichts als langsame Fuhrwerke, die man 35
    wohl der Raubgier der Fürsten und ihrer Minister in

den Weg schieben, woraus man aber nimmermehr eine
feste Burg für deutsche Freiheit bauen kann. Was sind unsere Wahlgesetze? Nichts als Verletzungen der Bürger- und
Menschenrechte der meisten Deutschen. Denkt an das
5 Wahlgesetz im Großherzogthum, wornach keiner gewählt
werden kann, der nicht hoch begütert ist, wie rechtschaf-
fen und gutgesinnt er auch sey, wohl aber der Grolmann, der euch um die zwei Millionen bestehlen wollte.
Denkt an die Verfassung des Großherzogthums. – Nach
10 den Artikeln derselben ist der Großherzog unverletzlich,
heilig und unverantwortlich. Seine Würde ist erblich in seiner Familie, er hat das Recht Krieg zu führen und aus-
schließliche Verfügung über das Militär. Er beruft die
Landstände, vertagt sie oder löst sie auf. Die Stände dürfen
15 keinen Gesetzes-Vorschlag machen, sondern sie müssen
um das Gesetz bitten, und dem Gutdünken des Fürsten
bleibt es unbedingt überlassen, es zu geben oder zu verweigern. Er bleibt im Besitz einer fast unumschränkten
Gewalt, nur darf er keine neuen Gesetze machen und keine
20 neuen Steuern ausschreiben ohne Zustimmung der Stände.
Aber theils kehrt er sich nicht an diese Zustimmung, theils
genügen ihm die alten Gesetze, die das Werk der Fürsten-
gewalt sind, und er bedarf darum keiner neuen Gesetze.
Eine solche Verfassung ist ein elend jämmerlich Ding. Was
25 ist von Ständen zu erwarten, die an eine solche Verfassung
gebunden sind? Wenn unter den Gewählten auch keine
Volksverräther und feige Memmen wären, wenn sie aus
lauter entschlossenen Volksfreunden bestünden?! Was ist
von Ständen zu erwarten, die kaum die elenden Fetzen
30 einer armseligen Verfassung zu vertheidigen vermögen! –
Der einzige Widerstand, den sie zu leisten vermochten, war
die Verweigerung der zwei Millionen Gulden, die sich der
Großherzog von dem überschuldeten Volke wollte schenken lassen zur Bezahlung seiner Schulden.

den Weg schieben, woraus man aber nimmermehr eine
feste Burg für deutsche Freiheit bauen kann. Was sind unsere Wahlgesetze? Nichts als Verletzungen der Bürger- und
Menschenrechte der meisten Deutschen. Denkt an das
Wahlgesetz im Großherzogthum, wornach keiner gewählt 5
werden kann, der nicht hochbegütert ist, wie rechtschaf-
fen und gutgesinnt er auch sey, wohl aber der Grolmann, der euch um die zwei Millionen bestehlen wollte.
Denkt an die Verfassung des Großherzogthums.   Nach
den Artikeln derselben ist der Großherzog unverletzlich, 10
heilig und unverantwortlich. Seine Würde ist erblich in seiner Familie.

                                        Er beruft die
Landstände, vertagt sie oder löst sie auf. Die Stände dürfen
keinen Gesetzes-Vorschlag machen, sondern sie müssen 15
um das Gesetz bitten und nach Gutdünken kann der Fürst
                          es   geben oder   ver-
weigern. Er bleibt im Besitz einer fast unumschränkten
Gewalt, nur darf er keine neuen Gesetze machen und keine
neuen Steuern ausschreiben ohne Zustimmung der Stände. 20
Aber theils kehrt er sich nicht an diese Zustimmung, theils
genügen ihm die alten Gesetze, die das Werk der Fürsten-
gewalt sind, und er bedarf darum keiner neuen Gesetze.
Eine solche Verfassung ist ein elend jämmerlich Ding. Was
ist von Ständen zu erwarten, die an eine solche Verfassung 25
gebunden sind? Wenn unter den Gewählten auch keine
Volksverräther und feige Memmen wären, wenn sie aus
lauter entschlossenen Volksfreunden bestünden?! –

                                                    30

Der einzige Widerstand, den sie zu leisten vermochten, war
die Verweigerung der 2 Millionen Gulden, die sich der
Großherzog von dem überschuldeten Volke wollte schenken lassen zur Bezahlung seiner Schulden, und dann der
3ten Million zum Bau eines neuen Schlosses. – Aber eine 35
Erleichterung des maaßlosen Steuerdruckes, eine Aende-

5

10   Hätten aber
auch die Landstände des Großherzogthums genügende
Rechte, und hätte das Großherzogthum, aber nur das
Großherzogthum allein, eine wahrhafte Verfassung,
so würde die Herrlichkeit doch bald zu Ende seyn. Die Raub-
15 geyer in Wien und Berlin würden ihre Henkerskrallen aus-
strecken und die kleine Freiheit mit Rumpf und Stumpf
ausrotten. Das ganze deutsche Volk muß sich die Freiheit
erringen. Und diese Zeit, geliebte Mitbürger, ist nicht ferne.
– Der Herr hat das schöne deutsche Land, das viele Jahr-
20 hunderte das herrlichste Reich der Erde war, in die Hände
der fremden und einheimischen Schinder gegeben, weil das
Herz des deutschen Volkes von der Freiheit und Gleichheit
seiner Voreltern und von der Furcht des Herrn abgefallen
war, weil ihr dem Götzendienste der vielen Herrlein, Klein-
25 herzoge und Däumlings-Könige euch ergeben hattet.
    Der Herr, der den Stecken des fremden Treibers Napoleon
zerbrochen hat, wird auch die Götzenbilder unserer einheimischen Tyrannen zerbrechen durch die Hände des Volks.
Wohl glänzen diese Götzenbilder von Gold und Edelsteinen,
30 von Orden und Ehrenzeichen, aber in ihrem Innern stirbt
der Wurm nicht und ihre Füße sind von Lehm. –
Gott wird euch Kraft geben ihre Füße zu zerschmeißen,
sobald ihr euch bekehret von dem Irrthum eures Wandels
und die Wahrheit erkennet: »daß nur Ein Gott ist und keine
35 Götter neben ihm, die sich Hoheiten und Allerhöchste, heilig
und unverantwortlich nennen lassen, daß Gott alle Men-

rung der heillosen Regierungsweise können solche Stände
nicht bewirken. Ehe der fürstliche Gewalthaber einen Stadt-
und Land-kundigen Ehebrecher, wie du Thil entläßt –
eher entläßt er den Landtag. Er stößt die Wahl des Landes
um und spricht öffentlich von seiner »Langmuth gegen 5
die Landstände«, als wäre er, der weder seine Schulden
bezahlen, noch seinen Sohn ausstatten kann, ohne sich als
Bettler an die Landstände und an das Land zu wenden,
ein Gott! – So muß ein redliches Volk in seinen Vertretern
sich verfassungsmäßig verhöhnen lassen! – Hätten aber 10
auch die Landstände des Großherzogthums genügende
Rechte, und hätte das Großherzogthum, aber nur das
Großherzogthum allein, eine wahrhafte Verfassung, so
würde die Herrlichkeit doch bald zu Ende seyn. Die Raubgeyer in Wien und Berlin würden ihre Henkerskrallen aus- 15
strecken und die kleine Freiheit mit Rumpf und Stumpf
ausrotten. Das ganze deutsche Volk muß sich die Freiheit
erringen. Und diese Zeit, geliebte Mitbürger, ist nicht ferne.
– Der Herr hat das schöne deutsche Land, das viele Jahrhunderte das herrlichste Reich der Erde war, in die Hände 20
der fremden und einheimischen Schinder gegeben, weil das
Herz des deutschen Volkes von der Freiheit und Gleichheit
seiner Voreltern und von der Furcht des Herrn abgefallen
war, weil ihr dem Götzendienste der vielen Herrlein, Klein-
herzoge und Däumlings-Könige euch ergeben hattet. 25

Der Herr, der den Stecken des fremden Treibers Napoleon
zerbrochen hat, wird auch die Götzenbilder unserer einheimischen Tyrannen zerbrechen durch die Hände des Volks.
Wohl glänzen diese Gewalthaber von Gold und Edelsteinen,
von Orden und Ehrenzeichen, aber in ihrem Innern stirbt 30
der Wurm nicht und ihre Füße sind von Lehm. –
Gott wird euch Kraft geben, ihre Füße zu zerschmeißen,
sobald ihr euch bekehret von dem Irrthum eures Wandels
und die Wahrheit erkennet: »daß nur Ein Gott ist und keine
Götter neben ihm, die sich Hoheiten und Allerhöchste, heilig 35
und unverantwortlich nennen lassen, daß Gott alle Men-

schen frei und gleich in ihren Rechten schuf und daß keine
Obrigkeit von Gott zum Segen verordnet ist, als die, welche auf das Vertrauen des Volkes sich gründet und vom
Volke ausdrücklich oder stillschweigend erwählt ist; daß
5 dagegen die Obrigkeit, die Gewalt, aber kein Recht über
ein Volk hat, nur also von Gott ist, wie der Teufel auch
von Gott ist, und daß der Gehorsam gegen eine solche
Teufels-Obrigkeit nur so lange gilt, bis ihre Teufelsgewalt
gebrochen werden kann; – daß der Gott, der ein Volk durch
10 Eine Sprache zu Einem Leibe vereinigte, die Gewaltigen die
es zerfleischen und viertheilen, oder gar in dreißig Stücke
zerreißen, als Volksmörder und Tyrannen hier zeitlich und
dort ewiglich strafen wird, denn die Schrift sagt: was Gott
vereinigt hat, soll der Mensch nicht trennen; und daß der
15 Allmächtige, der aus der Einöde ein Paradies schaffen kann,
auch ein Land des Jammers und des Elends wieder in ein Paradies umschaffen kann, wie unser theuerwerthes Deutschland war, bis seine Fürsten es zerfleischten und schunden.«

Weil das deutsche Reich morsch und faul war, und die
20 Deutschen von Gott und von der Freiheit abgefallen waren,
hat Gott das Reich zu Trümmern gehen lassen, um es zu einem Freistaat zu verjüngen. Er hat eine Zeitlang »den Satans-Engeln« Gewalt gegeben, daß sie Deutschland mit
Fäusten schlügen, er hat den »Gewaltigen und Fürsten, die
25 in der Finsterniß herrschen, den bösen Geistern unter dem
Himmel« (Ephes. 6), Gewalt gegeben, daß sie Bürger und
Bauern peinigten und ihr Blut aussaugten und ihren Muthwillen trieben mit Allen, die Recht und Freiheit mehr lieben
als Unrecht und Knechtschaft. – – Aber ihr Maas ist voll!
30 Sehet an das von Gott gezeichnete Scheusal, den König
Ludwig von Baiern, den Gotteslästerer, der redliche Männer
vor seinem Bilde niederzuknien zwingt, und die, welche die
Wahrheit bezeugen, durch meineidige Richter zum Kerker
verurtheilen läßt; das Schwein, das sich in allen Lasterpfüt-
35 zen von Italien wälzte, den Wolf, der sich für seinen
Baals-Hofstaat für immer jährlich fünf Millionen durch

schen frei und gleich in ihren Rechten schuf und daß keine
Obrigkeit von Gott zum Segen verordnet ist, als die, welche auf das Vertrauen des Volkes sich gründet und vom
Volke ausdrücklich oder stillschweigend erwählt ist; daß
eine Obrigkeit, welche zwar Gewalt, aber kein Recht über 5
ein Volk hat, nur also von Gott ist, wie der Teufel auch
von Gott ist, und daß der Gehorsam gegen eine solche
Teufelsobrigkeit nur so lange gilt, bis ihre Teufelsgewalt
gebrochen werden kann; – daß der Gott, der ein Volk durch
Eine Sprache zu Einem Leibe vereinigte, die Gewaltigen die 10
es zerfleischen und viertheilen, oder gar in dreißig Stücke
zerreissen, als Volksmörder und Tyrannen hier zeitlich und
dort ewiglich strafen wird, denn die Schrift sagt, was Gott
vereinigt hat, soll der Mensch nicht trennen; und daß der
Allmächtige, der aus der Einöde ein Paradies schaffen kann, 15
auch ein Land des Jammers und des Elends wieder in ein Paradies umschaffen kann, wie unser theuerwerthes Deutschland war, bis seine Fürsten es zerfleischten und schunden.«

Weil das deutsche Reich morsch und faul war, und die
Deutschen von Gott und von der Freiheit abgefallen waren, 20
hat Gott das Reich zu Trümmern gehen lassen, um es zu einem Freistaat zu verjüngen. Er hat eine Zeitlang »den Satans-Engeln« Gewalt gegeben, daß sie Deutschland mit
Fäusten schlügen, er hat den »Gewaltigen und Fürsten, die
in der Finsterniß wohnen, den bösen Geistern unter dem 25
Himmel« (Ephes. 6) Gewalt gegeben, daß sie Bürger und
Bauern peinigten und ihr Blut aussaugten und ihren Muthwillen trieben mit Allen, die Recht und Freiheit mehr lieben
als Unrecht und Knechtschaft. – – Aber ihr Maaß ist voll!

Sehet an das von Gott gezeichnete Scheusal, den König 30
Ludwig von Baiern, den Gotteslästerer, der redliche Männer
vor seinem Bilde niederzuknien zwingt, und die, welche die
Wahrheit bezeugen, durch meineidige Richter zum Kerker
verurtheilen läßt; das Schwein, das sich in allen Lasterpfüt-
zen von Italien wälzte, den Wolf, der sich für seinen 35
Baals-Hofstaat für immer jährlich fünf Millionen durch

meineidige Landstände verwilligen läßt, und fragt dann:
»Ist das eine Obrigkeit von Gott zum Segen verordnet?«

Ha! du wärst Obrigkeit von Gott?
Gott spendet Segen aus;
Du raubst, du schindest, kerkerst ein,
Du nicht von Gott, Tyrann!

Ich sage euch: sein und seiner Mitfürsten Maas ist voll.
Gott, der Deutschland um seiner Sünden willen geschlagen
hat durch diese Fürsten, wird es wieder heilen. »Er wird die
10 Hecken und Dörner niederreißen und auf einem Haufen
verbrennen.« (Jesaias 27,4)

So wenig der Höcker noch wächset, womit Gott diesen
König Ludwig gezeichnet hat, so wenig werden die Schand-
thaten dieser Fürsten noch wachsen können. Ihr Maas ist
15 voll. Der Herr wird ihre Zwingburgen zerschmeißen und in
Deutschland wird dann Leben und Kraft, der Segen der
Freiheit wieder erblühen. Zu einem großen Leichenfelde
haben die Fürsten die deutsche Erde gemacht, wie Ezechiel
im 37. Capitel beschreibt: »Der Herr führte mich auf ein
20 weites Feld, das voller Gebeine lag, und siehe, sie waren
sehr verdorrt.« Aber wie lautet des Herrn Wort zu den ver-
dorrten Gebeinen: »Siehe, ich will euch Adern geben und
Fleisch lassen über euch wachsen und euch mit Haut über-
ziehen, und will euch Odem geben, daß ihr wieder lebendig
25 werdet, und sollt erfahren, daß Ich der Herr bin.« Und des
Herrn Wort wird auch an Deutschland sich wahrhaftig beweisen, wie der Prophet spricht: »Siehe, es rauschte und
regte sich und die Gebeine kamen wieder zusammen, ein
jegliches zu seinem Gebein. – Da kam Odem in sie und sie
30 wurden wieder lebendig und richteten sich auf ihre Füße,
und ihrer war ein sehr groß Heer.«

Wie der Prophet schreibet, also stand es bisher in
Deutschland: eure Gebeine sind verdorrt, denn die Ordnung, in der ihr lebt, ist eitel Schinderei. 6 Millionen bezahlt
35 ihr im Großherzogthum einer Handvoll Leute, deren Will-

meineidige Landstände verwilligen läßt, und fragt dann:
»Ist das eine Obrigkeit von Gott zum Segen verordnet?«

> Ha! du wärst Obrigkeit von Gott?
> Gott spendet Segen aus;
> Du raubst, du schindest, kerkerst ein, 5
> Du nicht von Gott, Tyrann!

Ich sage euch: sein und seiner Mitfürsten Maaß ist voll.
Gott, der Deutschland um seiner Sünden willen geschlagen
hat durch diese Fürsten, wird es wieder heilen. »Er wird die
Hecken und Dörner niederreißen und auf einem Haufen 10
verbrennen.« (Jesaias 27,4)

So wenig der Höcker noch wächset, womit Gott diesen
König Ludwig gezeichnet hat, so wenig werden die Schand-
thaten dieser Fürsten noch wachsen können. Ihr Maaß ist
voll. Der Herr wird ihre Zwingburgen zerschmeißen und in 15
Deutschland wird dann Leben und Kraft, der Segen der
Freiheit wieder erblühen. Zu einem großen Leichenfelde
haben die Fürsten die deutsche Erde gemacht, wie Ezechiel
im 37. Capitel beschreibt: »Der Herr führte mich auf ein
weites Feld, das voller Gebeine lag, und siehe, sie waren 20
sehr verdorrt.« Aber wie lautet des Herrn Wort zu den ver-
dorrten Gebeinen: »Siehe, ich will euch Adern geben und
Fleisch lassen über euch wachsen und euch mit Haut über-
ziehen, und will euch Odem geben, daß ihr wieder lebendig
werdet, und sollt erfahren, daß ich der Herr bin.« Und des 25
Herren Wort wird auch an Deutschland sich wahrhaftig beweisen! wie der Prophet spricht: »Siehe, es rauschte und
regte sich und die Gebeine kamen wieder zusammen, ein
jegliches zu seinem Gebein. – Da kam Odem in sie und sie
wurden wieder lebendig und richteten sich auf ihre Füße, 30
und ihrer war ein sehr groß Heer.«

Also stehet es in
Deutschland; eure Gebeine sind verdorrt, denn die Ordnung, in der ihr lebt, ist eitel Schinderei. 6 Millionen bezahlt
ihr im Großherzogthum einer Handvoll Leute, deren Will- 35

kühr euer Leben und Eigenthum überlassen ist, und die anderen in dem zerrissenen Deutschland gleich also. Ihr seyd
nichts, ihr habt nichts! Ihr seyd rechtlos. Ihr müsset geben,
was Eure unersättlichen Presser fordern, und tragen, was sie
5 euch aufbürden. So weit ein Tyrann blicket – und Deutschland hat deren wohl dreißig – verdorret Land und Volk.
Aber wie der Prophet schreibet, so wird es bald stehen in
Deutschland: der Tag der Auferstehung wird nicht säumen.
In dem Leichenfelde wird sichs regen und wird rauschen
10 und der Neubelebten wird ein großes Heer seyn.

kühr euer Leben und Eigenthum überlassen ist, und die anderen in dem zerrissenen Deutschland gleich also. Ihr seyd nichts, ihr habt nichts! Ihr seyd rechtlos. Ihr müsset geben, was Eure unersättlichen Presser fordern, und tragen, was sie euch aufbürden. So weit ein Tyrann blicket – und Deutschland hat deren vierunddreißig – verdorret Land und Volk. Aber wie der Prophet schreibet, so wird es bald stehen in Deutschland: der Tag der Auferstehung wird nicht säumen. In dem Leichenfelde wird sichs regen und wird rauschen und der Neubelebten wird ein großes Heer seyn. Dann wird der Hesse dem Thüringer, der Rheinländer dem Schwaben, der Westphale dem Sachsen, der Tyroler dem Baier die Bruderhand reichen. Die besten Männer aller Stämme des großen deutschen Vaterlandes werden, berufen durch die freie Wahl ihrer Mitbürger, im Herzen von Deutschland zu einem großen Reichs- und Volkstage sich versammeln, um da, wo jetzt die babylonische Hure, der Bundestag, nach dem Willen der 34 Götzen Recht und Wahrheit verhöhnet, christlich über Brüder zu regieren. Dann wird statt des Eigenwillens der 34 Götzen der allgemeine Wille, statt der Eigensucht einer Rotte von Götzendienern das allgemeine Wohl im deutschen Vaterlande walten. Dann wird das Joch vom Halse der Bürger und Bauern hinweggenommen und ein Volksgericht über die großen Diebe, die Deutschland landesfürstlich und königlich beraubten, wie über die kleinen Diebe gehalten werden, die bei solchem Umschwung der Dinge sich etwa bereichern wollten vom Eigenthum ihrer Brüder. Dann kehren die schuldlos Verbannten in die freie Heimath zurück und der Kerker der schuldlos Gefangenen öffnet sich. Dann blühen Kunst und Wissenschaft im Dienste der Freiheit, dann blühen Kunst und Ackerbau und Gewerbe im Segen der Freiheit, dann bildet sich ein wahrhaft deutsches Bundesheer, in welchem Tapferkeit und nicht Geburt – der Gehorsam der Freiheit und nicht der blinde Gehorsam und hündische Treue die Stufen der Ehre hinanführt.

Hebt die Augen auf und zählt das Häuflein eurer Presser, die nur stark sind durch das Blut, das sie euch aussaugen und durch eure Arme, die ihr ihnen willenlos leihet. Ihrer sind vielleicht 10,000 im Großherzogthum und Eurer sind es 700,000 und also verhält sich die Zahl des Volkes zu seinen Pressern auch im übrigen Deutschland. Wohl drohen sie mit dem Rüstzeug und den Reisigen der Könige, aber ich sage euch: Wer das Schwert erhebt gegen das Volk, der wird durch das Schwert des Volkes umkommen. Deutschland ist jetzt ein Leichenfeld, bald wird es ein Paradies seyn. Das deutsche Volk ist Ein Leib ihr seyd ein Glied dieses Leibes. Es ist einerlei, wo die Scheinleiche zu zucken anfängt. Wann der Herr euch seine Zeichen gibt durch die Männer, durch welche er die Völker aus der Dienstbarkeit zur Freiheit führt, dann erhebet euch und der ganze Leib wird mit euch aufstehen.

Ihr bücktet euch lange Jahre in den Dornäckern der Knechtschaft, dann schwitzt ihr einen Sommer im Weinberge der Freiheit, und werdet frei seyn bis ins tausendste Glied.

Ihr wühltet ein langes Leben die Erde auf, dann wühlt ihr euren Tyrannen ein Grab. Ihr bautet die Zwingburgen, dann stürzt ihr sie, und bauet der Freiheit Haus. Dann könnt ihr eure Kinder frei taufen mit dem Wasser des Lebens. Und bis der Herr euch ruft durch seine Boten und Zeichen, wachet und rüstet euch im Geiste und betet ihr selbst und lehrt eure Kinder beten: »Herr, zerbrich den Stecken unserer Treiber und laß dein Reich zu uns kommen, das Reich der Gerechtigkeit. Amen.«

Hebt die Augen auf und zählt das Häuflein eurer Presser, die nur stark sind durch das Blut, das sie euch aussaugen und durch eure Arme, die ihr ihnen willenlos leihet. Ihrer sind vielleicht 10,000 im Großherzogthum und Eurer sind es 700,000 und so verhält sich die Zahl des Volkes zu sei- 5 nen Pressern auch im übrigen Deutschland. Wohl drohen sie mit dem Rüstzeug und den Reisigen der Könige, aber ich sage euch: Wer das Schwert erhebt gegen das Volk, der wird durch das Schwert des Volkes umkommen. Deutsch- land ist jetzt ein Leichenfeld, bald wird es ein Paradies seyn. 10 Das deutsche Volk ist ein Leib, ihr seyd ein Glied dieses Leibes. Es ist einerlei, wo die Scheinleiche zu zucken an- fängt. Wann der Herr euch seine Zeichen giebt durch die Männer, durch welche er die Völker aus der Dienstbarkeit zur Freiheit führt, dann erhebt euch und der ganze Leib 15 wird mit euch aufstehen.

Ihr bücktet euch lange Jahre in den Dornäckern der Knechtschaft, dann schwitzt ihr einen Sommer im Wein- berge der Freiheit, und werdet frei seyn bis ins tausendste Glied. 20

Ihr wühltet ein langes Leben die Erde auf, dann wühlt ihr euren Tyrannen ein Grab. Ihr bautet die Zwingburgen, dann stürzt ihr sie, und bauet der Freiheit Haus. Dann könnt ihr eure Kinder frei taufen mit dem Wasser des Le- bens. Und bis der Herr euch ruft durch seine Boten und 25 Zeichen, wachet und rüstet euch im Geiste und betet ihr selbst und lehrt eure Kinder beten: »Herr, zerbrich den Stecken unserer Treiber und laß dein Reich zu uns kommen, das Reich der Gerechtigkeit. Amen.«

Kommentar und Dokumente

Zu dieser Ausgabe

Vom *Hessischen Landboten* (HL) haben sich keinerlei handschriftliche Textzeugen aus seiner Entstehungszeit erhalten, weder von der Juli- noch von der November-Fassung. Die Gründe dafür liegen auf der Hand: Die als Druckvorlage für den Juli- und den November-Druck benutzten Handschriften bzw. der mit diversen handschriftlichen Zusätzen versehene Juli-Druck (Satzvorlage für den November-Druck) sind sogleich nach Abschluß der Drucklegung des HL vernichtet worden, um die Behörden bei eventuellen Verhaftungen oder Hausdurchsuchungen (letztere sind sowohl bei Preller in Offenbach wie auch bei Elwert in Marburg durchgeführt worden) nicht unvorsichtigerweise in den Besitz belastenden Beweismaterials kommen zu lassen.

Angesichts dieser Überlieferungssituation kommen für die Herstellung eines kritischen *Landboten*-Textes eigentlich nur der Erstdruck vom Juli und der Zweitdruck vom November 1834 in Betracht, denn diese Drucke sind die beiden einzigen relevanten Textzeugen des HL. Um einer anstehenden historisch-kritischen Ausgabe der Flugschrift nicht vorzugreifen, habe ich für die vorliegende Reclam-Ausgabe den kritischen Text meiner kommentierten *Landboten*-Edition von 1976 übernommen (vgl. Schaub, 1976, S. 8–35).

Textgrundlage bzw. Leittext meiner *Landboten*-Ausgabe, die nach Thomas Michael Mayer »gegenwärtig jeder wissenschaftlichen Beschäftigung mit Büchners und Weidigs Text zugrunde zu legen« ist (GB III, S. 273), ist der kritische, insgesamt zuverlässige *Landboten*-Text, den Werner R. Lehmann 1971 im 2. Band seiner historisch-kritischen Büchner-Ausgabe vorgelegt hat (vgl. HA II, S. 34–61). Lehmanns kritischer Text wurde jedoch anhand des 1973 von Eckhart G. Franz herausgegebenen Faksimile-Neudrucks der beiden *Landboten*-Fassungen einer gründlichen Überprüfung unterzogen. Dabei hat es sich als notwendig erwiesen, den Text Lehmanns an einigen Stellen nach den Erstdrucken zu verbessern. Die an seinem Text von 1971 vorgenommenen Korrekturen sind in meiner Ausgabe von 1976 verzeichnet und editorisch-argumentativ abgesichert (vgl. Schaub, 1976, S. 39–41).

In Übereinstimmung mit Lehmann, ja manchmal noch konsequenter als dieser, habe ich mich in der Rechtschreibung, Zeichensetzung und Abschnittsgliederung so penibel wie möglich an die Drucke vom Juli und November 1834 gehalten, wobei gerade auch Orthographie- und Interpunktions-Varianten der beiden Fassungen beibehalten wurden (z. B. »Mamon« im Juli- und »Mammon« im November-Druck). Stillschweigend verbessert wurden lediglich offenkundige Druckfehler, von denen es im Erst- und Zweitdruck – bedingt durch die schwierigen Umstände bei der im Geheimen erfolgten Drucklegung – eine Vielzahl gibt.

Eingriffe in die überlieferte Textgestalt der Erstdrucke waren sonst fast nur im Bereich der Typographie angebracht. So wurde die Fraktur der Originaldrucke der leichteren Lesbarkeit willen durch die Antiqua ersetzt. Diese Abweichung von den Originalen bedarf wohl kaum einer Rechtfertigung: genauso fremdartig und ungewöhnlich, wie zu Büchners Zeit in Deutschland die Antiqua war, würde heute die Fraktur empfunden.

Beibehalten wurden die doppelten Anführungszeichen der Erstdrucke; in meiner Ausgabe von 1976 sind sie in einfache Anführungszeichen verändert worden. Lediglich in der Behandlung der doppelten Anführungsstriche sowie in der Beibehaltung der gesperrten Textstellen, die dort durch Kursivdruck wiedergegeben sind, unterscheidet sich der Text der vorliegenden Reclam- von dem der zurückliegenden Hanser-Ausgabe.

In der Präsentation des Juli- und des November-Drucks in Form eines zeilen- und seitenkonkordanten Paralleldrucks bin ich einer glücklichen editorischen Neuerung Lehmanns gefolgt, stellt doch der Paralleldruck eine äußerst praktische Lese- und Arbeitshilfe dar, die es ermöglicht, auf bequeme, übersichtliche und zeitsparende Weise Textvergleiche anzustellen und damit auf einen Blick die Unterschiede zwischen den beiden Fassungen des HL festzustellen.

Die beiden Textzeugen: der Juli- und der November-Druck. Der HL ist in zwei Fassungen überliefert, von denen die erste im Juli, die zweite im November 1834 erschienen ist, und zwar – wie bei illegalen Flugschriften üblich und erforderlich – ohne Verlags-, Drucker- und Verfasserangaben (die Ortsangabe »Darmstadt« ist gezielt irreführend):

Erstdruck: *Der Hessische Landbote. Erste Botschaft*, Darmstadt [d. i. Offenbach: durch Carl Preller], im Juli 1834.
Zweitdruck: *Der hessische Landbote. Erste Botschaft*, Darmstadt [d. i. Marburg: durch Ludwig August Rühle], im Nov. 1834.

Der Erstdruck besteht aus acht, zum Teil falsch paginierten Seiten in hohem Oktavformat; er ist in der engen, kleinen Zeitungsfraktur auf schlechtem grauem Papier gedruckt.

Der Zweitdruck umfaßt neun Seiten, »für den Drucker lästig, da die letzte Seite einzeln angeklebt werden mußte« (Franz, 1973, S. 10); sein Format ist Groß-Oktav, es entspricht ungefähr dem des Erstdrucks; die Schrifttype ist wie beim Juli-Druck die kleine, engzeilig gesetzte Zeitungsfraktur.

Wie bei illegalen Flugschriften nicht anders zu erwarten, haben sich nur wenige Exemplare der beiden Drucke des HL erhalten. Bis Anfang der siebziger Jahre war von den beiden Fassungen nur jeweils ein Exemplar bekannt. In der ersten Hälfte der siebziger Jahre ist es dann Thomas Michael Mayer und Hans-Joachim Ruckhäberle gelungen, in

Polizei- und Gerichtsakten aus der Vormärzzeit einige bis
dahin unbekannte, gut erhaltene Exemplare der beiden
Ausgaben des HL zu entdecken. Sie finden sich im Hessischen Staatsarchiv Marburg, im Bayerischen Geheimen
Staatsarchiv München und im Württembergischen Staatsarchiv Ludwigsburg.

Wer durch eigene Anschauung einen Eindruck von der
Beschaffenheit der Originale (Layout, Typographie, Format) gewinnen möchte, sei auf die Faksimile-Neudrucke
der beiden Fassungen des HL verwiesen, die Eckhart G.
Franz 1973 und Thomas Michael Mayer 1987 herausgegeben haben (vgl. unter Literaturhinweise den Abschnitt II.1:
Erstdrucke und Faksimile-Neudrucke).

Anmerkungen

6,1 *Der Hessische Landbote:* Der von Weidig stammende Titel bezeichnet die Adressaten der Flugschrift: die
hessischen Bauern, die hessische Landbevölkerung. Die
geographisch-politische Titelspezifizierung »*Hessischer*
Landbote« deutet darauf hin, daß auch in den anderen
süddeutschen Verfassungsstaaten ›Landboten‹ in der Art
des hessischen für die »niederen Volksklassen« erscheinen sollten, wobei der »Stoff zu diesen Flugschriften« aus den »individuellen Verhältnissen der einzelnen
Völker entnommen« (Noellner, S. 101) werden sollte.
Eine implizite Lese- bzw. Rezeptionsanweisung enthält
der Titel insofern, als sich Weidig mit ihm »zweifellos auf
jene Ende des 16. Jahrhunderts aufgekommene Figur des
hinkenden Boten« bezog, »der den offiziellen Siegesnach-
richten auch Auskünfte über die Kosten folgen ließ, der
es *mit der Wahrheit genauer als sein übereifriger Vorläufer* – die amtliche Ordinari-Post – nahm und deshalb
von Strategen des Dreißigjährigen Krieges weniger gern
gesehen wurde« (Mayer, 1979b, S. 184). Diese »aufklä-
rerisch-kritische Tradition« (Mayer, 1979b, S. 185) des
›Hinkenden Boten‹ ist von den süd- und südwestdeut-
schen Liberalen und Demokraten der 1830er Jahre wieder
aufgegriffen worden. Außer dem HL bezeugen dies Zei-
tungs- und Zeitschriftentitel wie *Der Bote aus Westen,*
der *Westbote* oder *Der deutsche Volksbote* von Karl
Buchner und Wilhelm Schulz.

6,2 *Erste Botschaft:* Diese – Assoziationen an die »frohe
Botschaft« des Neuen Testaments hervorrufende – Botschaft sollte offenbar nicht die letzte bleiben. Vielleicht
war sogar an ein Periodikum gedacht, etwa eine unregel-
mäßig erscheinende Zeitschrift. Jedenfalls hat der Marburger Radikalliberale Leopold Eichelberg ein an die »erste Botschaft« direkt anknüpfendes Manuskript mit dem

Titel *Der Hessische Landbote. Zweite Botschaft* verfaßt
(nicht mit der November-Fassung des HL zu verwech-
seln!), das er Ende August oder Anfang September an die
Gießener Sektion der ›Gesellschaft der Menschenrechte‹
zur Begutachtung übermittelte. Da in dieser zweiten Botschaft die »Zeichen« vom Schluß der Juli-Fassung des HL
mit dem für 1834/35 erwarteten Halleyschen Kometen
identifiziert werden und da auch der als »Feuerkopf und
Revolutionär« apostrophierte »Herr Jesus Christus öf-
ters« vorkommt, erregt das »Machwerk« nur »allgemeines Lachen« bei den Gießener Sektionären, die der Realisierung des Eichelbergschen Flugschriftenprojekts ihre
Unterstützung versagen (vgl. Mayer, Chronik, S. 386).

6,3 *Darmstadt, im Juli 1834:* Wohl um ihr mehr Autorität
zu geben, trägt die Flugschrift diese fingierte Ortsangabe.
Von Darmstadt, der Residenz des Großherzogtums Hessen, kamen die Anweisungen, Verordnungen und Gesetze der Regierung.

6,4 *Vorbericht:* Der von Weidig stammende Vorbericht
zeugt nach Enzensberger (S. 51) »von dem gewissenhaf-
ten Realismus« des Butzbacher Rektors, »der sich darüber klar war, welchen Gefahren er sein Publikum aus-
setzte«. Nach Th. M. Mayer ist er dagegen »eher als ein
Mißgriff aus fast patriarchalischer Überperfektion«, »als
ein Schlag ins Wasser, wenn nicht als Eigentor« zu beur-
teilen, da die im Vorbericht gegebenen konspirativen Ver-
haltensmaßregeln eine mögliche Verteidigung vorweg-
nahmen und für Verbreiter wie Leser der Flugschrift »in
strafrechtlicher Hinsicht ein verstärkendes Eingeständnis
des *hochverräterischen* Charakters der Schrift bedeute-
ten« (Mayer, 1979b, S. 185 f.). Dies waren wohl auch die
Hauptgründe, warum Weidig, nachdem Eichelberg ihm
gegenüber »das auf dem ersten Blatt abgedruckte N.B.
an die Leser sehr gemißbilligt hatte« (zit. nach: Mayer,
1979b, S. 186), den Vorbericht für die November-Auflage
ersatzlos gestrichen hat.

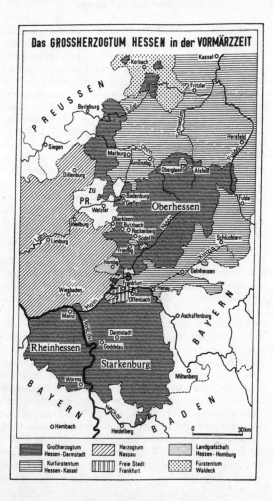

6,20 *Friede den Hütten! Krieg den Pallästen!:* Übersetzung
des in der Französischen Revolution häufig gebrauchten
Slogans ›Guerre aux châteaux! Paix aux chaumières‹,
der dem französischen Schriftsteller Nicolas Chamfort
(1741–94) zugeschrieben wird. Büchner fand den Kampfruf, mit dem sich im Juli/August 1789 die französischen
Bauern gegen ihre Feudalherren erhoben (vgl. Reinhard
Pabst, in: GBJb 6, 1986/87, S. 264), im 1. Band des von
ihm bereits in den Schülerschriften und dann vor allem in
Dantons Tod als Hauptquelle benutzten Sammelwerks
*Unsere Zeit, oder geschichtliche Uebersicht der merkwür-
digsten Ereignisse von 1789–1830* [...] (Stuttgart 1826
bis 1830, Bd. 1, S. 357). In der Parole »Friede den Hütten!
Krieg den Palästen!« klingt noch deutlich Büchners sozialrevolutionäre Intention seines *Landboten*-Entwurfs
an, nämlich: »zum Kampfe der *Armen* gegen die *Reichen*« aufzufordern (Görisch/Mayer, 1982, S. 335).

6,21 ff. *Im Jahr 1834 ... die Bibel Lügen gestraft ...:* Wie
in anderen Flugschriften wird hier der schlechte Status
quo durch Verweis auf die biblische Schöpfungsge-
schichte naturrechtlich kritisiert.

6,22–26 *als hätte Gott ... zum Gewürm gezählt:* vgl.
1. Mose 1,20–28.

6,23 *Vornehmen:* Nach August Becker hat Weidig in der
Juli-Fassung überall, wo Büchner die »Reichen« geschrieben hatte, die »Vornehmen« eingesetzt (Noellner, S. 423).
Zur Kontroverse um die Begriffe ›Vornehme‹ und ›Reiche‹ zwischen Büchner und Weidig vgl. Mayer 1979b,
S. 239–245, der nachweist, daß man nicht – wie sonst ein-
hellig in der neueren *Landboten*-Forschung – von einer
»Synonymität«, sondern »nur von einer spezifischen
Überlagerung« der beiden Begriffe sprechen kann. Büchner habe sich mit dem Begriff der ›Reichen‹ gegen »feudalen *und* bürgerlichen Reichtum« (Mayer, 1979b, S. 245)
gewandt, während mit dem von Weidig benutzten Begriff
der ›Vornehmen‹, der »mehr oder weniger eng dem Be-

reich der Aristokratie zugeordnet« war (Mayer, 1979b,
S. 243), der Angriff nur gegen den feudal-aristokratischen
Reichtum formuliert sei. Wilhelm Schulz (1851, S. 72)
wunderte sich, daß man sich nicht auf die Formel »Reiche
und Vornehme« geeinigt hatte.

6,28 *zierliche Kleider:* Das Adjektiv bewahrt hier noch die
ältere Bedeutung von: prächtig, glänzend, schön.

8,5 *er nimmt das Korn:* vgl. Amos 5,11: »Darum, weil ihr
die Armen unterdrückt und nehmt das Korn mit großen
Lasten von ihnen [. . .].« Das Verb ›nehmen‹ bedeutet
hier noch im älteren, unabgeblaßten Sinn: gewaltsam
nehmen, rauben, beanspruchen.

8,7 *Fremde verzehren seine Aecker vor seinen Augen:*
Jes. 1,7.

8,10 *718,373 Einwohner:* korrekte Angabe der Bevölke-
rungszahl (Stand von 1828) nach der von Büchner
benutzten Statistik Wagners (vgl. Wagner, S. 69). – Das
»Finanzwesen« überschriebene Kapitel aus Wagners *All-
gemeiner Statistik des Großherzogthums Hessen* (Darmstadt 1831), aus dem Büchner das Zahlenmaterial für
seine Flugschrift bezog, ist fast vollständig in meiner 1976
bei Hanser erschienenen Ausgabe des HL (vgl. Schaub,
1976, S. 164–175) abgedruckt und mit Büchners Angaben
verglichen worden. Büchners Zahlenangaben weichen
mehrfach von seiner Quelle ab; in den meisten Fällen lassen sich jedoch Nachlässigkeit oder Rechenfehler nach-
weisen. Es sei hier auf die Einzelnachweise bei Schaub
(1976, S. 68–73) verwiesen.

8,16 *Geldstrafen:* Der bei Büchner als gesonderter Haupt-
titel an fünfter Stelle aufgeführte Einnahme-Posten »Geldstrafen« ist bei Wagner nicht als Hauptposten, sondern
lediglich als Unterposten unter dem letzten Hauptposten
»Aus verschiedenen Quellen« plaziert. Büchner nimmt
hier aus agitatorisch-persuasorischen Gründen eine
Ausgliederung, gesonderte Aufführung und damit Her-
ausstellung einer umstrittenen, gerade bei den unteren

Bevölkerungsschichten verhaßten Einnahmequelle des Staates vor.

8,25–30 *Wohnt eine Anzahl Menschen… hervorgehen sollen:* Mayer (1979b, S. 269 f.) schreibt diese Passage Weidig zu und kommentiert »die seltsame Floskel« von den »Gesetzen«, »die aus dem Wohl Aller hervorgehen sollen«. R. Saviane (S. 93, Anm.) sieht in der Textstelle die Idee der ›volonté générale‹ ausgedrückt.

8,30 *aus dem Wohl Aller:* Herbert Wender (freundliche Mitteilung vom 9. August 1995) vermutet hier einen Druckfehler, da es keinen Sinn macht, daß die Gesetze »aus dem Wohl Aller hervorgehen sollen«. Als Konjektur schlägt er vor: ›aus dem Willen Aller‹, eine Formulierung, die sich an einer späteren Stelle des HL findet (vgl. 22,12) und der im Französischen die ›volonté générale‹ entspricht. In Artikel 6 der ›Déclaration des droits de l'homme et du citoyen‹ vom 26. August 1789 heißt es: »La loi est l'expression de la volonté générale.«

10,8 f. *Ihre Anzahl ist Legion:* vgl. Mk. 5,9.

10,12 f. *Das Volk ist ihre Heerde, sie sind seine Hirten, Melker und Schinder:* vgl. vor allem Hes. 34,1 ff., wo Gott durch den Propheten wider die untreuen Hirten des Volkes Israel weissagt. Vgl. auch Jer. 23,1 ff.

10,13 f *sie haben die Häute der Bauern an:* In Jean Pauls Roman *Hesperus* (1795) heißt es in einer zentralen, von Büchner auch an anderen Stellen des HL zitierten (vgl. Anm. zu »Der Fürst ist der Kopf des Blutigels«, 18,20 ff., und zu 34,2 f.: ›Ihr seyd nichts, ihr habt nichts!‹) Passage (40. Hundposttag): »und die Herren vom Hofe haben eure [des Volkes] Häute an.« Vgl. auch Mi. 3,2 f.

10,14 *der Raub der Armen ist in ihrem Hause:* Jes. 3,14.

10,22 f. *Für das Ministerium des Innern… 1,110,607 Gulden:* Büchner beginnt hier mit der Aufzählung und agitatorischen Kommentierung einer Reihe von ausgewählten Ausgabeposten des Staatsbudgets.

10,28–31 *Das Gesetz ist das Eigenthum… Herrschaft zu-*

spricht: Mayer (1979b, S. 62 f.) verweist auf die »vom Saint-Simonismus in die neobabouvistische Theorie eingegangene Erkenntnis«, nach der die »Gesetze immer denen nützlich« sind, »die sie machen«, sowie auf die Neobabouvisten Blanqui und Voyer d'Argenson, die 1832/33 von den »Gesetzen der Privilegierten« bzw. von den »Reichen, welche Gesetze machen«, gesprochen haben.

12,11 *Stempelpapier:* Wertmarken für Stempelsteuern. Hoher, verhaßter Einnahmeposten (460,500 Gulden) innerhalb der indirekten Steuern (vgl. Schaub, 1976, S. 167).

12,13 *Sporteln:* Gebühren für Gerichtsschreiber, Eichämter, Einregistrierung und Hypotheken (vgl. Schaub, 1976, S. 166 f.). Die Sporteln gehörten ebenfalls zum Einnahmeposten der indirekten Steuern.

12,19 f. *Fettwänste:* vgl. Hiob 15,27 und Ps. 73,7, wo es von dem bzw. von den Gottlosen heißt, er bzw. ihre Person »brüstet sich wie ein fetter Wanst«.

12,24 f. *Die Ketten eurer Vogelsberger Mitbürger, die man nach Rokkenburg schleppte:* In der Nähe des oberhessischen Dorfs Rockenberg (bei Friedberg) befand sich die Landes-Strafanstalt Marienschloß, die »für alle diejenigen bestimmt« war, »welche von den Gerichten [...] wegen schwererer Kriminal-Verbrechen zu einer Zuchthausstrafe verurteilt« worden waren (Wagner, S. 292). An dem oberhessischen Bauernaufstand im Herbst 1830 waren viele Bewohner der Vogelsberg-Region beteiligt.

12,27–31 *Und will endlich ... selber geschunden:* nach Bergemann und Th. M. Mayer eine von Weidig stammende Textpassage.

12,29 *ihr Bauch:* vgl. Röm. 16,18 und Phil. 3,19.

12,29 *Mamon:* Mammon; biblischer Begriff zur Bezeichnung ungerechten Reichtums; vgl. Mt. 6,24 und Lk. 16,9, 11. Nach August Becker hätte man Büchners »ursprüngliches Manuscript« des HL »allenfalls als eine schwärmerische, mit Beispielen belegte Predigt gegen den Mammon« betrachten können (Noellner, S. 423).

14,3 *sie legen die Hände an . . .:* Der Ausdruck »die Hände an jemanden legen« ist biblisch; vgl. etwa Ps. 55,21 und Lk. 21,12.

14,3 *Lenden und Schultern:* Die Zusammenstellung dieser beiden Körperteile ist biblisch; vgl. Ri. 15,8 und Hes. 24,4.

14,11 *jeden Herbst einmal blind schießen:* Im September jeden Jahres fanden die Herbstmanöver bzw. Hauptübungen des hessen-darmstädtischen Militärs statt (vgl. Wagner, S. 328 ff.).

14,21 *Södel:* Während der oberhessischen Bauernunruhen war es am 30. September 1830 in dem Dorf Södel aufgrund eines Mißverständnisses – Regierungssoldaten hielten unbeteiligte Dorfbewohner für versprengte Insurgenten und schossen in die Menge – zu einem bewaffneten Zwischenfall gekommen, bei dem es nicht nur Verwundete, sondern auch einige Tote gab.

15,32 *Staatsminister du Thil:* Karl Wilhelm Heinrich Freiherr du Bos du Th. (1777–1859), seit 1821 hessen-darmstädtischer Außen- und Finanzminister, war von 1829 bis 1848 leitender Staatsminister.

15,35 *Staatsrath Knapp:* Johann Friedrich K. (1776 bis 1848), seit 1825 Geheimer Staatsrat im Ministerium des Innern und der Justiz, engster Mitarbeiter du Thils.

15,35 f. *der junge Gagern:* Heinrich Freiherr von G. (1799–1880), bedeutender Politiker des frühen deutschen Liberalismus, wurde 1833 zwangsweise in den Ruhestand versetzt, war 1832–36 Mitglied des Landtags. – In der zur Auflösung des Landtags führenden Kammersitzung am 24. Oktober 1834 hat Gagern von einer »Partei« gesprochen, »welche gegenwärtig die Geschäfte in unserm Staate führt«, »welche das konstitutionelle Prinzip nicht versteht und in ihren einzelnen Mitgliedern auch vergessen zu haben scheint, was Recht ist«, wobei er hinzufügte, diese »Partei« sei vor allem durch den Staatsrat Knapp repräsentiert (vgl. *Deutscher Liberalismus im Vor-*

märz. Heinrich von Gagern. Briefe und Reden 1815 bis 1848, bearb. von Paul Wentzcke und Wolfgang Klötzer, Göttingen/Berlin/Frankfurt a. M. 1959, S. 145). Das Verlangen Knapps, Gagern zur Ordnung zu rufen, wurde von der Mehrheit der Zweiten Kammer abgelehnt. Darauf erklärte Knapp, nicht er, sondern die Regierung sei beleidigt worden. Damit hatte du Thil den willkommenen Vorwand für die längst beabsichtigte Auflösung der ihm wegen ihrer liberalen Zusammensetzung äußerst mißliebigen Kammer. – Über Büchners negative Einstellung zur liberalen Opposition in der Zweiten Kammer der Landstände des Großherzogtums bemerkt dessen Bruder Ludwig (in der Einleitung zu den von ihm herausgegebenen *Nachgelassenen Schriften von Georg Büchner*, Frankfurt a. M. 1850, S. 5), »daß die damalige hessische Kammer-Opposition Büchner's Beifall nicht besaß und oft der Gegenstand seiner Spöttereien wurde. Namentlich äußerte er oft seinen besonderen Widerwillen gegen deren damaligen Führer, Heinrich v. Gagern«.

16,14 *ja:* neben dem Verb stehende Versicherungspartikel, die u. a. in Bedingungssätzen vorkommt, um anzudeuten, daß der Eintritt der Bedingungen nicht wahrscheinlich ist.

16,17–21 *nur eine Drahtpuppe ... oder alle zusammen:* Vorgebildet ist diese Stelle nach Wolfgang Wittkowski (S. 101) – »freilich weit maßvoller« – in Werthers Brief vom 8. Januar 1772: »Wie mancher König wird durch seinen Minister, wie mancher Minister durch seinen Sekretär regiert!«

16,20 *Günstling:* Geliebter.

16,21–27 *In Deutschland stehet ... theuer bezahlen:* Eduard David, Bergemann und Mayer schreiben diese Passage Weidig zu.

16,32 *Ludwig von Gottes Gnaden:* Gemeint ist hier der Großherzog Ludwig II. (1777–1848), der 1830–48 regierte. Sein offizieller Titel lautete: »Ludwig II., von Gottes Gnaden Großherzog von Hessen und bei Rhein.« – Nach August Beckers Verhöraussage vom 1. November 1837 hatte Büchner »durchaus keinen ausschließlichen Haß gegen die Großherzoglich Hessische Regierung; er meinte im Gegentheil, daß sie eine der besten sei. Er haßte weder die Fürsten, noch die Staatsdiener, sondern nur das monarchische Princip, welches er für die Ursache alles Elends hielt.« (Noellner, S. 425)

16,34 *Feldgeschrei:* in der Bibel vorkommender Begriff; vgl. Jos. 6,5; 1. Thess. 4,16.

16,34 f. *euer Geräth versteigern, euer Vieh wegtreiben, euch in den Kerker werfen:* vgl. Jer. 49,29 sowie Jer. 37,15–18.

17,4 *verwilligen:* einwilligen, zustimmen.

17,8 *Präsidenten Minningerode:* Ludwig Minnigerode (1771–1839), der Vater von Büchners Schulfreund und Mitverschworenem Karl Friedrich Ernst Minnigerode (1814–94), war seit 1815 Präsident des Hofgerichts der Provinz Starkenburg in Darmstadt, als welcher er wegen der am 1. August 1834 erfolgten Verhaftung seines Sohnes Karl am 12. August vorzeitig in den Ruhestand versetzt wurde.

17,9 f. *Millionendieb Weller:* Eberhard Jodocus Heinrich W. (gest. 1856), Oberappellationsgerichtsrat in Darmstadt, konservatives Mitglied des Landtags 1826–30, wurde im August 1834 Minnigerodes Nachfolger im Präsidium des Darmstädter Hofgerichts. Weller hatte 1830 für die Übernahme der privaten Millionenschuld des Großherzogs Ludwig II. aus dessen Erbprinzenzeit auf die Staatskasse gestimmt.

17,11 *die Sache des Dr. Schulz:* Wilhelm Sch. (1797–1860), aus Darmstadt stammender liberaler Publizist und Politiker, wurde 1820 wegen des von ihm verfaßten *Frag- und Antwortbüchleins* (1819) aus dem Militärdienst entlassen und mit einer kleinen Pension in den Ruhestand versetzt.

Im September 1833 wurde Schulz wegen seines Buches *Deutschlands Einheit durch Nationalrepräsentation* und einiger zur Volksbewaffnung aufrufenden Broschüren verhaftet. »Obwohl längst Zivilist, stellte man ihn, da er noch immer seine Offizierspension bezog, vor ein Kriegsgericht und verurteilte ihn wegen ›Beteiligung am Hochverrat und wegen des fortgesetzten Versuchs des Verbrechens einer gewaltsamen Veränderung der Staatsverfassung‹ zu fünfjährigem strengem Festungsarrest« (Grab, 1985, S. 14), den er am 19. August 1834 auf der Festung Babenhausen bei Darmstadt antrat. In der Nacht vom 30. zum 31. Dezember 1834 gelang ihm mit Hilfe seiner Frau die Flucht aus der Festung und dem Großherzogtum Hessen nach Straßburg ins französische Exil.

17,12 *Prinzen Emil:* Emil (Maximilian Leopold August Carl), Prinz von Hessen (1790–1856), Sohn des Großherzogs Ludwig I. (1753–1830), jüngster Bruder Ludwigs II., seit 1832 Präsident der Ersten hessischen Kammer, Parteigänger Metternichs, hatte großen Einfluß auf seinen Bruder Ludwig II.

18,2–6 *Aber tretet zu dem Menschenkinde . . . hinausgetragen, wie ihr:* Eine Parallele zu dieser Passage, in der Büchner den Lesern/Hörern des HL die naturrechtliche Egalität der Menschen eindringlich vor Augen stellt, hat Walter Grab in einer Flugschrift des deutschen Jakobiners Karl Clauer (*Sendschreiben an alle benachbarte Völker Frankreichs, zum allgemeinen Aufstand,* 1791) ausfindig gemacht: »der Fürst, der über dich herrscht, was ist er [. . .]? – Ein Mensch, wie du. [. . .] Und wenn sie einst sterben, die großen Herren, die mächtigen Fürsten und Könige, was werden sie? – Fühllose, stinkende Leichname, der Würmer Speise, wie die Leiber deiner Väter.« (Zit. nach: Grab, 1990, S. 67)

18,2 *Menschenkinde:* häufig in der Bibel vorkommendes Kompositum.

18,4 f. *es kroch so nackt und weich in die Welt . . . und wird so hart und steif hinausgetragen:* vgl. Weish. 7,1–6 sowie Hiob 1,21 und Pred. 5,14.

18,6 *eurem Nacken:* im Erstdruck: »einem Nacken« (vermutlich Druckfehler).

18,8 *was es thut:* im Erstdruck: »was er tut« (vermutlich Druckfehler).

18,9 *über euer Leben:* im Erstdruck: »aber euer Leben« (vermutlich Druckfehler).

18,14 *Wehe über euch Götzendiener:* Der Ausruf »Wehe euch« kommt häufig in der Bibel vor, der Begriff »Götzendiener« dagegen nur einmal (vgl. Eph. 5,5).

18,14–20 *Wehe über euch Götzendiener ... und eure Kinder:* Bergemann und Mayer vermuten hier ein Stück Weidig-Text. Weidig hat wiederholt vom »Götzendienst« und in der Predigt »vom gemeinen Nutzen« (gehalten um 1819 in Butzbach) eingehend vom »ägyptischen Volk« mit seinem »Götzendienst«, seiner mangelnden Vaterlandsliebe und seiner starren Trennung in verschiedene Stände gesprochen, und zwar im Sinne eines abschreckenden historischen Beispiels mit durchaus politischen Absichten (vgl. Weickhardt, 1969, S. 127 f.).

18,16 f. *Ihr setzt ihm eine Krone auf, aber es ist eine Dornenkrone ...:* Anspielung auf die Verspottung Christi durch die Kriegsknechte; vgl. Mt. 27,27–30; Mk. 15,16 bis 19; Joh. 19,2–5.

18,18 f. *Ruthe, womit ihr gezüchtigt werdet:* vgl. Spr. 22,15: »Rute der Zucht«.

18,19 *euern Thron:* Holmes (S. 11 ff.) vermutet hier einen Druckfehler und konjiziert statt des Possessivpronomens »euern« den unbestimmten Artikel »einen«.

18,20 *Marterstuhl:* im Erstdruck: »Marterstrahl« (vermutlich Druckfehler).

18,20–20,6 *Der Fürst ist der Kopf des Blutigels ... und bückt euch auf euren steinichten Aeckern:* Diese Passage ist in mehreren Einzelheiten durch eine imaginierte Rede aus Jean Pauls Roman *Hesperus* beeinflußt, die der bürgerliche Regierungsrat Flamin vor seiner Hinrichtung halten will, um das Volk zur Rebellion zu mobilisieren. In Flamins »Freiheit-Dithyrambus« heißt es (40. Hundposttag): »Sind denn die tausend aufgerissenen Augen um mich alle starblind, die Arme alle gelähmt, daß keiner den langen Blutigel sehen und wegschleudern will, der über euch alle hinkriecht und dem der Schwanz abgeschnitten ist, damit wieder der Hofstaat und die Kollegien hinten daran saugen? Seht, ich war sonst mit dabei und sah, wie man euch schindet – und die Herren vom Hofe haben eure Häute an. Seht einmal in die Stadt: gehören die Paläste euch, oder die Hundshütten? Die langen Gärten, in denen sie zur Lust herumgehen, oder die steinigen Äcker, in denen ihr euch totbücken müsset?«

18,24 *Schröpfköpfe:* »kleine zylindrische Gefäße von Glas oder Messing, welche man über ein Licht hält, um die Luft heraus zu treiben, und sie geschwinde über den mit dem Schröpfschnepper aufgeritzten Teil der Haut decket, da sie denn das Blut aus demselben an sich ziehen« (Johann Christoph Adelung, *Grammatisch-kritisches Wörterbuch der Hochdeutschen Mundart*, Tl. 3, Leipzig/ Wien 1798, Sp. 1661).

18,25 f. *das Mahlzeichen des Thieres:* vgl. Offb. 16,2 und 19,20 f. Mit diesem Zeichen ist nach Offb. 13,16 f. und 14,9–11 das Erkennungszeichen, das Stigma des Antichrists, gemeint.

18,30 *kostbaren:* kostspielgen.

18,31 *Die Töchter des Volks:* Zur Personalmetapher »Tochter meines Volks« vgl. Jer. 6,26; 8,22; 14,17; Klgl. 4,6; 4,10. Zur Vorstellung, daß die Töchter eines Volkes zu Huren werden bzw. nicht werden sollen, vgl. 5. Mose 23,17 f.; Hos. 4,13 f.

20,7 f. *wenn ein Erbprinz mit einer Erbprinzessin für einen andern Erbprinzen Rath schaffen will:* Der in der Bibel (vgl. Ri. 20,7) vorkommende Ausdruck »Rat schaffen« bedeutet: Abhilfe schaffen, Hilfe leisten, beistehen. Ge-

meint ist mit dieser provozierenden Feststellung, daß die
einzige Aufgabe eines Erbprinzen darin besteht, mit einer
Erbprinzessin einen weiteren Erbprinzen in die Welt zu
setzen, Sorge dafür zu tragen, daß das unnütze ›Ge-
schlecht‹ der Erbprinzen nicht ausstirbt. Äußerer Anlaß
zu dieser Erbprinzen-Invektive war die am 26. Dezember
1833 in München erfolgte, Ende 1833 / Anfang 1834
überall im Großherzogtum und vor allem in der Residenz Darmstadt mit großem Pomp gefeierte Vermählung
des hessen-darmstädtischen Erbgroßherzogs Ludwig von
Hessen mit der Prinzessin Mathilde von Bayern. Vgl.
hierzu: *Chronik der Feierlichkeiten, welche auf Veranlassung der hohen Vermählung Seiner Hoheit des Erbgroßherzogs Ludwig von Hessen mit Ihrer Königl. Hoheit der
Prinzessin Mathilde von Bayern in Bayern und Hessen
Statt fanden*, Darmstadt 1834.

20,9 f. *durch die geöffneten Glasthüren das Tischtuch
sehen . . .*: vgl. *Leonce und Lena* III,2.

20,10 f. *die Lampen riechen, aus denen man mit dem Fett
der Bauern illuminirt:* vgl. *Dantons Tod* I,2: »wir wollen
ihnen das Fett auslassen und unsere Suppen mit schmelzen.«

20,11–36 *Das alles duldet ihr, weil euch Schurken sagen . . .
Das Theil von Judas:* Bergemann und Th. M. Mayer
schreiben diese Passage Weidig zu. Mit guten Gründen:
Die Erwähnung des »deutschen Kaisers« und der »freien
Voreltern«, die »kaum noch lutherische Konzeption«
(Mayer, 1979b, S. 257) von »Teufels-Obrigkeit« (30,8)
und vom »Reich der Finsterniß« (20,30) wie überhaupt
die ganze theologische Begründung entsprechen sehr genau Weidigs Vorstellungen.

20,12 f. *diese Regierung sey von Gott:* vgl. hierzu Röm.
13,1: »Jedermann sei untertan der Obrigkeit, die Gewalt
über ihn hat. Denn es ist keine Obrigkeit, ohne von Gott;
wo aber Obrigkeit ist, die ist von Gott verordnet.« Mit
dieser vielzitierten und umstrittenen Paulus-Stelle setzt

sich Weidig noch an drei weiteren Textstellen des HL auseinander (vgl. 22,23–25, 30,1–9). Zur Bedeutung dieser Auseinandersetzung als Bedingung für einen Persuasionserfolg der Flugschrift vgl. Schaub, 1976, S. 57–59, und vor allem Noellner, S. 326 f. (Verhöraussage Carl Braubachs).

20,14 *Vater der Lügen:* vgl. Joh. 8,44, wonach der Teufel »ein Lügner und ein Vater derselben« ist.

20,15–17 *den deutschen Kaiser, der vormals vom Volke frei gewählt wurde:* Geschichtsklitterung.

20,19 *Wahl:* bedeutet hier ›freie Bestimmung‹.

20,19 *Gewalt:* Macht. Diese Bedeutung hat ›Gewalt‹ auch sonst im HL. Entsprechend sind »die Gewaltigen« (16,23) die Mächtigen.

20,20 *Wesen und Thun:* vgl. Hes. 20,43 f.; 36,17,19,31 sowie Jer. 18,11.

20,22 *Sie zertreten das Land:* vgl. Hab. 3,12.

20,22 f. *zerschlagen die Person des Elenden:* vgl. Jes. 3,15.

20,24 *einen Gesalbten des Herrn:* 1. Sam. 24,7,11; 26,9,11, 16,23; 2. Sam. 1,16; 19,22.

20,27 f. *freien Voreltern:* Lieblingsbegriff und -vorstellung Weidigs, der in seinem triadischen Denken von einem ursprünglich harmonischen Gesellschaftszustand, einem romantisch verklärten Mittelalter angeblich freier deutscher »Voreltern« ausgeht, worauf eine bis in seine Zeit anhaltende Zwischenphase der »Erniedrigung und Dienstbarkeit« folgt, bis schließlich die Zeit der »Befreiung« in einer »bürgerlichen Ordnung« anbricht; vgl. hierzu Weidigs Predigt, gehalten zu Ostern 1823 in Butzbach (zit. nach: Weickhardt, 1969, S. 132), sowie Mayer (1979b, S. 198, 204, 255, 257).

20,28 *diese:* im Erstdruck »diesen« (vermutlich Druckfehler).

20,31–33 *Ueber ein Kleines und Deutschland . . . wird . . . wieder auferstehn:* vgl. Joh. 16,16, wo Jesus in Anspielung auf seine Wiederkunft und Auferstehung sagt: »Über ein

Kleines, so werdet ihr mich nicht sehen; und aber über
ein Kleines, so werdet ihr mich sehen: denn Ich gehe zum
Vater.«

20,32 *Freistaat:* in etwa gleichbedeutend mit ›Republik‹.
Noch an zwei weiteren Stellen ist im HL vom »Freistaat«
die Rede (vgl. 22,29 und 30,22). »Und in allen drei Fällen
stammen die Formulierungen wie ihr besonderer Inhalt
zweifelsfrei von Weidig, denn der *Freistaat* ist parallel zu
den *Franken* die in der Tradition Follens und der Revolutionäre von 1815/19 deutschtümelnde Variante der Republik und doch nicht ganz ihr Synonym.« (Mayer, 1979b,
S. 272). – Das Staatsideal des HL ist zweifellos die Republik. Ob sie auch Büchners Staatsideal war, ist zweifelhaft. Seine Vorstellungen hinsichtlich der idealen Staaten-
und Regierungsform scheinen über das politische Ziel
einer ›bürgerlichen‹ Republik hinausgegangen zu sein.
»Büchners Fernziel« war nach Hauschild (1993, S. 282)
die Errichtung einer Republik »als eines Sozialstaats, einer Assoziation freier, gleichberechtigter Individuen«.

20,34 *Gebet dem Kaiser, was des Kaisers ist:* Mt. 22,21 und
Mk. 12,17.

20,35 f. *Das Theil von Judas:* Den Fürsten gebührt nach
der Argumentation des HL dasselbe »Teil«, d. h. derselbe
»Lohn«, wie dem Verräter Judas. Gemeint sind jedoch
nicht etwa die dreißig Silberlinge, sondern vielmehr der
Strick, mit dem sich Judas erhängte.

22,2–24,31 *Im Jahr 1789 . . . Und so ward Deutschland betrogen wie Frankreich:* Nach Schirmbeck und Th. M.
Mayer stammt der historische Exkurs zu den französischen Revolutionen von 1789 und 1830 und den Auswir-
kungen für Deutschland von Weidig. Als Begründung
hierfür dienen: der Nachweis mehrerer Lieblingsthemen
und -vorstellungen Weidigs in dieser Passage (vgl. Mayer,
1979b, S. 256–265) sowie der Hinweis, daß auf die – dem
Exkurs unmittelbar vorangehende – statistische Angabe
»Für die Landstände 16,000 Gulden« nicht – wie in den

anderen sechs Fällen der Aufzählung von Ausgabeposten
– ein Text folgt, der mit zupackenden Anschlußsätzen
direkt auf diesen Ausgabeposten (»Landstände«) Bezug
nimmt. Die Kommentierung dieses Postens beginnt im
HL eigentlich erst nach Abschluß des historischen Exkurses mit dem Fragesatz: »Denn was sind diese Verfassungen in Deutschland?« (24,32) Differenzierter urteilt
Hauschild (1993, S. 316), nach dessen Auffassung »schon
in Büchners Entwurf« des HL ein längerer Exkurs über
die Geschichte Frankreichs seit 1789 enthalten gewesen
ist, in den Weidig dann allerdings »erheblich« eingegrif-
fen hat.

22,5–7 *ein König sey ein Mensch wie ein anderer auch . . .,*
er müsse sich vor dem Volk verantworten: Nach der Verfassung von 1791 blieb der französische König »unverletzlich« und »heilig« (18,1); allein die Minister waren
»verantwortlich« (vgl. Saviane, S. 75; Mayer, 1979b,
S. 258).

22,6 *der erste Diener im Staat:* Der Ausspruch geht auf
Friedrich den Großen (1712–86) zurück, der ihn in verschiedenen Wendungen, aber stets in französischer Form
gebraucht hat.

22,8 f. *Dann erklärten sie die Rechte des Menschen:* Die
›Déclaration des droits de l'homme et du citoyen‹, beste-
hend aus einer Präambel und 17 Artikeln, wurde am
26. August 1789 von der französischen Nationalver-
sammlung angenommen. Sie wurde – als Präambel –
wörtlich in die Verfassung vom 3. September 1791 aufgenommen. Die ›Erklärung der Menschen- und Bürgerrechte‹ wird zu Recht als »Sterbeurkunde des Ancien
Régime« bezeichnet.

22,9–19 *»Keiner erbt . . . Gesetze zu sorgen«:* Diese durch
Anführungszeichen als wörtliche Zitate ausgegebenen
Stellen aus der französischen Menschenrechtserklärung
von 1789/91 sind nach Mayer (1979b, S. 258, 270) gar
keine Zitate, sondern »eine freie und ganz spezifisch will-

kürliche Erfindung«, für die »Büchner kaum verantwortlich zeichnete«.

22,10 *Titel:* dasjenige, worauf man einen rechtlichen Anspruch stützt.

22,14 *die Vertreter des Volks:* Nach dem Gesetz vom 22. Dezember 1790 teilte die Konstituante die Bürger nach dem Vermögen »in ›aktive‹, besitzende *mit* und ›passive‹, besitzlose [Bürger] *ohne* Wahlrecht« ein (Mayer, 1979b, S. 258). Das Wahlrecht der Verfassung von 1791 war also nicht, wie der *Landbote* unterstellt, ein allgemeines, sondern ein Zensus-Wahlrecht.

22,18 f. *der König hat nur für die Ausübung der ... erlassenen Gesetze zu sorgen:* »Tatsächlich aber hatte er das Veto« (Mayer, 1979b, S. 258), das Einspruchsrecht. Die »drei gravierenden Beschönigungen ausgerechnet zugunsten der konstitutionellen Monarchie«, die Mayer in der Eingangspassage des historischen Exkurses feststellt, sprechen in der Tat mehr für Weidig, der »zum Zweck immer Fünf gerade« sein ließ, als für Büchner, der derartige »Stilisierungen auch und gerade« der »Geschichte, wie sie sich wirklich begeben« (MA, S. 305), nach Möglichkeit »vermied« (Mayer, 1979b, S. 258) und der alles andere als ein Anhänger der konstitutionellen Monarchie war.

22,19 f. *Der König schwur dieser Verfassung treu zu seyn:* Ludwig XVI. (1754–93), König von Frankreich (reg. 1774–92), sanktionierte und beschwor die Verfassung am 13. und 14. September 1791, fand sich jedoch nicht mit der ihm durch die Verfassung vorgeschriebenen Rolle eines konstitutionellen Monarchen ab, ersuchte am 3. Dezember 1791 Preußen insgeheim um Intervention, wurde nach dem Sturm auf die Tuilerien (10. August 1792) und dem Sturz der Monarchie am 21. September 1792 für abgesetzt erklärt, am 15. Januar 1793 zum Tode verurteilt und am 21. Januar 1793 hingerichtet.

22,20 f. *er wurde aber meineidig:* Meineid und Verrat der

Obrigkeit sind Lieblingsthemen Weidigs. Die meineidige Obrigkeit diente ihm als »eine ganz spezifische Konterbegründung« (Mayer, 1979b, S. 261) zur Rechtfertigung des Meineids vor Gericht bei politischen Prozessen.

22,22 f. *Dann schafften die Franzosen die erbliche Königswürde ab:* Nachdem König Ludwig XVI. am 10. August 1792 von seinem Amt suspendiert worden war, erfolgte am 21. September 1792 die Abschaffung des Königtums. An seine Stelle trat die Republik.

22,31 f. *sie könnten alle über der ersten Königsleiche den Hals brechen:* Den Satz könnte Weidig »mehr oder weniger wörtlich aus Büchners Manuskript« (Mayer, 1979b, S. 259) in seinen Text übernommen haben. Für die Zuschreibung an Büchner spricht die Sentenz von Lacroix aus *Dantons Tod* (IV,7): »Die Tyrannen werden über unsern Gräbern den Hals brechen.«

22,33 *möchten:* könnten.

22,34 f. *reisigem Zeug:* Reiterei, Kavallerie. Der nicht mehr gebräuchliche Ausdruck kommt in den Bibelausgaben der Büchner-Zeit recht häufig vor.

24,2 *erhob sich in seiner Kraft:* vgl. Ps. 21,14.

24,3 f. *Die junge Freiheit wuchs im Blut der Tyrannen:* Gemeint ist hier die Zeit der jakobinischen Schreckensherrschaft (1793/94). Eine solche Simplifizierung und Heroisierung der Geschichte sei dem nach Mayer (1979b, S. 258) in *Dantons Tod* heftige Kritik an den Jakobinern übenden Büchner »kaum zuzutrauen«.

24,5 *jauchzten die Völker:* vgl. Ps. 67,5; 89,16 sowie 1. Sam. 10,24.

24,7 *Napoleon:* Napoleon I. (1769–1821), Kaiser der Franzosen (reg. 1804–14/15).

24,11 *Bourbonen wieder zu Königen:* Die französische Dynastie der Bourbonen regierte von 1589 bis 1792 und von 1814 bis 1830. Nach der Abdankung Napoleons 1814 wurden die Bourbonen mit Ludwig XVIII. (1755–1824), einem Bruder Ludwigs XVI., wiedereingesetzt.

24,13 f. *die Menschen frei und gleich geschaffen:* vgl. Artikel 1 der französischen Menschenrechtserklärung vom 3. September 1791. Vgl. auch 28,36–30,1, wo die sprachliche Übereinstimmung mit Art. 1 noch deutlicher ist.

24,16 *König Karl den Zehnten:* Karl X. (1757–1836), König von Frankreich (reg. 1824–30), löste durch die sog. Juliordonnanzen vom 26. Juli 1830, welche die Pressefreiheit und das Wahlrecht einschränkten, die Julirevolution aus (27.–29. Juli). Am 2. August 1830 mußte er abdanken.

24,19 *Louis Philipp:* Louis Philippe (1773–1850), König (›Bürgerkönig‹) von Frankreich (reg. 1830–48); mit ihm beginnen die Epoche des ›Bürgerkönigtums‹ und die Politik des ›Juste-milieu‹.

24,19 *Zuchtruthe:* biblisches Bild (vgl. Spr. 22,15 und Jes. 9,3 f.). Für Weidig, der seit 1814 wiederholt auf die politische Gottesstrafe für ein Volk hinweist, das sich selbst durch »Schanden und Sünden« in die »Knechtschaft gestürzt« hat (Weidig 1987, S. 16), ist die Zuchtrute nach Mayer (1979b, S. 263) »wirklich das Instrument göttlicher Strafe«.

24,22 f. *Da rathschlagten die Fürsten . . .:* Den Eindruck, »daß die nach 1830 erlassenen oder vereinbarten landständischen Verfassungen die Funktion eines ›betrügerischen‹ Ablenkungsmanövers hatten, teilten spätestens nach 1832 alle deutschen Oppositionellen links der konstitutionellen Szenerie« (Mayer, 1979b, S. 264).

24,23 *Grimm:* Das Wort kommt in der Bibel überaus häufig vor: mehr als 50 Belege.

24,24 *sollten:* könnten.

24,24–26 *die listigen . . . das Uebrige behalten:* vgl. Louis-Auguste Blanquis Verteidigungsrede vor dem Pariser Schwurgericht vom 12. Januar 1832: »Die Klügsten dieser herzlosen Aristokratie fühlen wohl, wie drohend die Gefahr ist, in welche sie die Verzweiflung einer brodberaubten Menge versetzt, und schlagen daher vor, das Elend derselben ein wenig zu erleichtern, nicht durch Menschlichkeit, da sei Gott für! sondern um sich der Gefahr zu entziehen« (s. S. 90–101 der vorliegenden Ausgabe).

24,28 *zitternd vor Furcht:* Zur Formel »Furcht und Zittern« vgl. Hiob 4,14: Ps. 55,6; 1. Kor. 2,3; 2. Kor. 7,15; Eph. 6,5.

24,28 f. *warfen sie einige Brocken hin und sprachen von ihrer Gnade:* vgl. Büchners Brief um den 6. April 1833 an die Familie: »Und selbst das Bewilligte wurde uns hingeworfen, wie eine erbettelte Gnade« (MA, S. 278). Aufgrund dieser brieflichen Parallele sowie der beiden Gedankenstriche, die auch an anderen Stellen des HL »einen Übergang zweier verschiedener Textelemente signalisieren«, vermutet Mayer (1979b, S. 264 f.), daß Weidig die beiden Sätze (»Und zitternd vor Furcht [...] und legte sich zur Ruhe. –«) »aus Büchners Manuskript direkt in seinen Exkurs ›transplantiert‹ hat«.

24,34 *Was sind unsere Landtage:* Daß Büchner von den Landständen bzw. Landtagen nicht viel hielt, beweist u. a. sein Straßburger Brief um den 6. April 1833 (MA, S. 278 f.).

26,1 f. *eine feste Burg:* vgl. Luthers Lied »Ein feste Burg ist unser Gott« nach dem 46. Psalm. Es wurde »in ähnlicher politischer Wendung« (Mayer, 1979b, S. 266), wie das Bild im HL verwendet wird, auf politischen Banketten der hessischen Liberalen gesungen.

26,5 f. *wornach keiner gewählt werden kann, der nicht hoch begütert ist:* vgl. vor allem Artikel 55, aber auch Art. 56 und 57 der hessen-darmstädtischen Staatsverfassung (Wagner, S. 106).

26,7 f. *Grolmann, der euch um die zwei Millionen bestehlen wollte:* Friedrich von G. (1784–1859), konservatives Mitglied des Landtags, hatte 1830 für den Antrag der Regierung gestimmt, die Privatschulden Ludwigs II. in Höhe von 2 Millionen Gulden auf die Staatskasse zu übernehmen. Vgl. Anm. zu 17,9 f.

26,9 *Verfassung des Großherzogthums:* Das Großherzogtum Hessen hat als letzter süddeutscher Staat am 17. Dezember 1820 eine Verfassung erhalten. Seitdem hatte es den Status einer erblichen konstitutionellen Monarchie. Der häufig abgedruckte Text der Verfassung findet sich auch in der von Büchner benutzten Statistik Wagners (S. 98–115). Er gibt im folgenden wieder: Art. 4, Abs. 2; Art. 5; Art. 74; Art. 63; Art. 76; Art. 67 und 72.

26,17 *unbedingt:* uneingeschränkt, bedingungslos.

26,24 *ein elend jämmerlich Ding:* Sir. 40,1.

26,28–30 *Was ist von Ständen zu erwarten, die kaum . . . zu vertheidigen vermögen:* Dieser »sehr geradlinige Satz« (Mayer, 1979b, S. 267) könnte von Weidig aus Büchners Manuskript übernommen worden sein.

27,34 f. *der 3ten Million zum Bau eines neuen Schlosses:* Die Zweite Kammer hat im Juni 1833 die von der Regierung für den Ausbau des neuen Schlosses verlangte Summe verweigert.

28,14 f. *Die Raubgeyer in Wien und Berlin:* Österreich und Preußen, die beiden nichtkonstitutionellen Großmächte, galten unter Oppositionellen der Metternichschen Restaurationszeit als Hort der Reaktion und Unterdrükkung.

28,18 *Und diese Zeit . . . ist nicht ferne:* vgl. Hes. 12,23 sowie Offb. 1,3; 22,10: »die Zeit ist nahe«.

28,18 *geliebte Mitbürger:* Zwar nicht diese (vgl. Mayer, 1979b, S. 251), aber ganz ähnliche pastorale Anredeformeln hat Weidig in seinen Predigten benutzt, so: »geliebte Freunde« und »meine andächtigen Zuhörer« (vgl. Weickhardt, 1969, S. 136 f., 139, 143 f.).

28,19 f. *Der Herr hat das schöne deutsche Land, das viele Jahrhunderte das herrlichste Reich der Erde war:* Nach Weidig kann Deutschland werden, was es ursprünglich war: »ein freies und glückliches Land« (»frei und glücklich war Germanien«), das der »Herr« gesegnet hat durch »fruchtbare, wohnliche Thale, geschirmt von erzreichen Gebirgen, und getränkt mit anmuthigen Bächen und

Strömen«, so Weidig 1814 in der von ihm verfaßten Einleitung der Stiftungsurkunde der Deutschen Gesellschaft zu Butzbach (Weidig, 1987, S. 16).

28,21–24 *das Herz des deutschen Volkes... abgefallen war:* vgl. Jes. 6,10; Jer. 5,23; Mt. 13,15; Apg. 28,27.

28,23 *Furcht des Herrn:* Ehrfurcht, Ehrerbietung gegenüber Gott. Zahlreiche Belege in der Bibel.

28,26 f. *Der Herr, der den Stecken des fremden Treibers Napoleon zerbrochen hat:* vgl. Jes. 9,3 [4].

28,27 f. *die Götzenbilder ... zerbrechen:* vgl. 2. Mose 23,24; 34,13; Hes. 6,6; Mi. 1,7.

28,28 *Hände des Volks:* vgl. Hes. 7,27; 1. Sam. 13,22.

28,29–31 *Wohl glänzen diese Götzenbilder von Gold und Edelsteinen ... und ihre Füße sind von Lehm:* vgl. Dan. 2,31–34.

28,30 f. *aber in ihrem Innern stirbt der Wurm nicht:* vgl. Jes. 66,24; Mk. 9,44 ff.

28,32 *Gott wird euch Kraft geben:* vgl. Ps. 29,11; 68,34,36.

28,32 *ihre Füße zu zerschmeißen:* vgl. Dan. 2,34. Zum Ausdruck »zerschmeißen« vgl. Ps. 68,22; 110,6; Hab. 3,13.

28,33 *bekehret von dem Irrthum eures Wandels:* vgl. Jak. 5,19 f.; 2. Petr. 2,18.

28,34 *die Wahrheit erkennet:* vgl. Joh. 8,32; 1. Tim. 4,3; 2. Tim. 2,25; 2. Joh. 1. Diese Bibelstelle hat Weidig auch in seiner Predigt »vom gemeinen Nutzen« (1819) zitiert (vgl. Weickhardt, 1969, S. 130).

28,34 f. *daß nur Ein Gott ist und keine Götter neben ihm:* vgl. 2. Mose 20,3. – Die Großschreibung von ›ein‹ markiert hier und an einer anderen Stelle (vgl. 30,10) die Betonung.

28,35 *Allerhöchste:* biblischer Titel bzw. Beiname Gottes; vgl. Ps. 47,3; 57,3; Mk. 5,7; Lk. 8,28.

28,36–30,1 *daß Gott alle Menschen frei und gleich in ihren Rechten schuf:* vgl. hierzu Heinrich Leos Erinnerungen (*Meine Jugendzeit*, Gotha 1880, S. 170), wonach Weidig spätestens »im Sommer 1818, wahrscheinlich aber auch

schon im Sommer 1814, die ganz exorbitante Doktrin«
hatte: »Alle Menschen seien von Gott gleich berechtigt; da nun aber unser ganzes Leben [...] von der
aus dem Egoismus und der Sünde gebornen Ungleichheit
beherrscht werde, so sei unser ganzes Leben auch nur *ein*
großer Sündenpfuhl [...]; jede einzelne Sünde sei berechtigt, wenn sie aus diesem Sündenpfuhl hinauszuführen
verspreche, und deshalb jedes Mittel gleichgiltig, wenn es
nur den Zweck habe, mit dieser Sünde der Ungleichheit,
diesem Grundpfeiler aller übrigen Sünden, aufzuräumen;
keine Obrigkeit sei rechtmäßig, die diesen Sündenpfuhl
der Ungleichheit schütze, und jeder Führer sei als Obrigkeit berechtigt, der den Weg aus diesem Sündenpfuhl
hinaus zeige.«

29,3 *Ehebrecher, wie du Thil:* Der hessische Hofgerichts-
advokat Reinhard Carl Theodor Eigenbrodt (1799–1866)
spricht von einer »erotischen Schwäche« du Thils, die sich
»schwer an ihm gerächt« habe; vgl. R. C. Th. E., *Meine
Erinnerungen aus den Jahren 1848, 1849 und 1850,* hrsg.
von Ludwig Bergsträßer, Darmstadt 1914, S. 4.

29,4 *eher entläßt er den Landtag:* vgl. Anm. zu 15,35 f. (*der
junge Gagern*).

29,5 f. *spricht öffentlich von seiner »Langmuth gegen
die Landstände«:* In der von Großherzog Ludwig II.
und du Thil unterzeichneten »Verkündigung, die Auflösung der Stände-Versammlung betreffend«, die am
30. Oktober 1834 im ›Großherzoglich Hessischen Re-
gierungsblatt‹ (Nr. 78) veröffentlicht wurde, heißt es
(S. 504): »Trotz allem dem wollten Wir die Hoffnung
nicht aufgeben, es werde Unsere Langmut durch ein
befriedigendes Ende des Landtags segensreiche Früchte
tragen.«

29,6 f. *der weder seine Schulden bezahlen, noch seinen
Sohn ausstatten kann:* Für die Vermählung des Erbgroßherzogs Ludwig (1806–77) mit der bayerischen Prinzessin Mathilde wie auch für dessen Ausstattung sind in dem

1833 aufgelösten Landtag Geldmittel beantragt und auch bewilligt worden.

30,1–4 *daß keine Obrigkeit von Gott zum Segen … erwählt ist:* Zu dem für Weidigs politische Theologie überaus wichtigen Thema der von Gott »zum Segen« oder auch zur Strafe verordneten Obrigkeit vgl. Mayer, 1979b, S. 252–256.

30,5–9 *die Obrigkeit, die Gewalt, aber kein Recht über ein Volk hat … gebrochen werden kann:* Mit dieser geschickten Argumentation pflegte Weidig – nach einer Verhöraussage Carl Braubachs – das Widerstandsrecht des Volkes theologisch zu begründen: »Das, was Paulus in seinen Briefen sagt hinsichtlich des Gehorsams gegen die Obrigkeit, das wußte Weidig immer anders auszulegen. Paulus sagt: ›Seid unterthan der Obrigkeit, die Gewalt über euch hat.‹ Darüber sagte Weidig zu mir: ›Ob die Obrigkeit auch Recht hat, das ist eine andere Frage, davon spricht Paulus nichts.‹ Auf die Stelle, wo Paulus sagt: ›Es ist keine Obrigkeit, außer von Gott‹, sagte Weidig: ›Ja, wenn man die Obrigkeit fortjagt und setzt eine andere ein, so ist die ja auch von Gott.‹« (Noellner, S. 326 f.)

30,9 f. *der Gott, der ein Volk durch Eine Sprache zu Einem Leibe vereinigte:* vgl. 1. Kor. 12,13.

30,11 *in dreißig Stücke:* Der deutsche Staatenbund, auf dessen Mitgliederzahl hier angespielt wird, bestand nicht aus 30, sondern aus 38 souveränen Staaten (34 Fürstentümern und 4 freien Städten). Vgl. auch 34,5 f. In der 2. Ausgabe des HL (vgl. 35,5 f.) spricht Weidig von 34 Tyrannen bzw. »Götzen«, also den 34 deutschen Fürsten.

30,13 f. *was Gott vereinigt hat, soll der Mensch nicht trennen:* vgl. Mt. 19,6. Nach August Becker soll Weidig »selbst die Rechtlichkeit der Einheit Deutschlands« aus der Bibel »zu beweisen« versucht haben, wobei er auf dieses Bibelzitat hingewiesen habe (vgl. Noellner, S. 315).

30,15 *der aus der Einöde ein Paradies schaffen kann:* vgl.

1. Mose 1,2; 1. Mose 2,8 ff. Zur Verwandlung der Einöde, der Wüste in ein Paradies, einen »Lustgarten«, vgl. auch Jes. 35,1 ff. und Hes. 36,33–35.

30,16 *des Jammers und des Elends:* »Jammer« ist hier wie im Mhd. noch gleichbedeutend mit ›Not, Elend‹. Zur Zusammenstellung dieser beiden synonymen Begriffe vgl. Ps. 10,14; 25,18.

30,22 ff. *Er hat eine Zeitlang »den Satans-Engeln« Gewalt gegeben …:* vgl. 2. Kor. 12,7. Zum Ausdruck »(jemandem) Gewalt geben« vgl. Dan. 3,30; 7,14,27; Mt. 28,11; Lk. 9,1.

30,29 *ihr Maas ist voll:* seit Schillers *Jungfrau von Orleans* (Johanna im 3. Auftritt des Prologs) ein geflügeltes Wort.

30,31 f. *Ludwig von Baiern …:* Ludwig I. (1786–1868), König von Bayern (reg. 1825–48), ließ gemäß dem Strafgesetzbuch für das Königreich Bayern von 1813 bei Majestätsbeleidigungen zweiten Grades (Art. 311) die Beleidiger »öffentliche Abbitte vor dem Bildnisse des Souverains« tun, eine erst 1861 abgeschaffte Strafe, die u. a. der Arzt und Politiker Johann Gottfried Eisenmann (1795 bis 1867) sowie der Würzburger Bürgermeister und liberale Politiker Wilhelm Joseph Behr (1775–1851) über sich ergehen lassen mußten. – In den häufigen Kunstreisen Ludwigs I. nach Italien, die ihn zumeist mit seiner Freundin, der italienischen Marchesa Mariannina Florenzi, zusammenführten, sah die Volksstimmung ein »ausschweifendes Leben in fremden Landen«. In Schmähschriften wurde Ludwig I. wegen seiner ›Weibergeschichten‹ gelegentlich als »italienischer Hurenbock« bezeichnet.

30,34 *das Schwein:* galt bei den Israeliten als ›unrein‹; daher das Verbot, Schweinefleisch zu essen (vgl. 3. Mose 11,7 f.; 5. Mose 14,8). Wegen seiner angeblichen Unreinlichkeit (vgl. 2. Petr. 2,22) ist das Schwein ein Bild der groben Sinnlichkeit.

30,35 *den Wolf:* Bereits in der Bibel werden die Fürsten gelegentlich mit Wölfen verglichen; vgl. Hes. 22,27 sowie

Mt. 7,15. In *Dantons Tod* (I,2) werden die Aristokraten als »Wölfe« bezeichnet.

30,36 *Baals-Hofstaat:* Zum Baals-Kult gehörte nach der Bibel vor allem das Niederknien bzw. das Kniebeugen vor der Gottheit; vgl. hierzu 1. Kön. 19,18 und Röm. 11,4.

30,36 *für immer jährlich fünf Millionen:* Das dem bayerischen Königshaus 1834 durch den Landtag bewilligte Jahreseinkommen – die sog. Civilliste, eine Art Kronrente für alle Belange des königlichen Hofes – betrug drei Millionen Gulden; das entsprach knapp 9% der gesamten Staatseinnahmen, aus denen das Geld auch genommen wurde. Die drei Millionen betragende Civilliste wurde 1834 lebenslänglich (»für immer«) und unveränderbar festgeschrieben.

32,3–6 *Ha! du wärst Obrigkeit von Gott . . . Tyrann:* letzte Strophe von Gottfried August Bürgers Gedicht »Der Bauer. An seinen durchlauchtigen Tyrannen« (1773). Das »du schindest, kerkerst ein« in Vers 3 ist wohl von Weidig hinzugefügt worden, auf dessen Konto überhaupt der Einsatz der Bürger-Strophe gehen dürfte. Der Zusatz verrät Weidigs Wortschatz, und auch Thema und Inhalt des Gedichts stehen Weidig näher als Büchner (vgl. Mayer, 1979b, S. 254). Das 1776 im Voßschen Musenalmanach erschienene Gedicht Bürgers war während der Zeit des literarischen Jakobinismus in Deutschland (1789–1806) sehr populär und ist damals oft nachgedruckt worden.

32,8 f. *Gott, der Deutschland um seiner Sünden willen geschlagen hat . . ., wird es wieder heilen:* wohl Kombination mehrerer Bibelstellen; vgl. bes. 3. Mose 26,24; 5. Mose 32,39; Hos. 6,1.

32,12 *der Höcker:* Angespielt wird hier nicht auf einen Buckel des Königs, von dem dessen Biographen nichts zu berichten wissen, sondern wohl auf den hornähnlichen Auswuchs, den der Monarch auf der Stirn hatte (vgl. Reinhold Rauh, *Lola Montez. Die königliche Mätresse*, München 1992, S. 84).

32,15 *Zwingburgen:* gehört zum Vokabular Weidigs (vgl. Noellner, S. 431), der das Wort im letzten Abschnitt des HL noch einmal verwendet.

32,18 *Ezechiel:* die aus der Vulgata geläufige Namensform für Hesekiel.

32,19 ff. *Der Herr führte mich ...:* Hes. 37,1 f.

32,22 ff. *ich will euch Adern geben ...:* Hes. 37,6.

32,27 ff. *Siehe, es rauschte ...:* Hes. 37,7.

32,29 ff. *Da kam Odem in sie ...:* Hes. 37,10.

32,33 *eure Gebeine sind verdorrt:* Hes. 37,11.

32,34–34,5 *6 Millionen bezahlt ihr im Großherzogthum ...* *was sie euch aufbürden:* David und Bergemann halten diese Passage für ein Stück Büchner-Text. Mayer (1979b, S. 254 f.) neigt dazu, sie eher Weidig zuzuschreiben. Für Büchners Autorschaft sprechen: das statistische Argument, ein weiteres Zitat aus der schon vorher wahrscheinlich von Büchner im HL benutzten Valediktionsrede Flamins und – nicht zuletzt – das in der ersten Texthälfte wiederholt verwendete Bild der Lasten ›tragenden‹ und sich ›bückenden‹ Bauern (vgl. 12,12, 14,2, 20,5), das hier wieder aufgegriffen wird und an das sich der Anfangssatz des folgenden Abschnitts »Hebt die Augen auf und zählt das Häuflein eurer Presser« (36,1) nahtlos anschließen würde, da er die gedrückten und gebückten Adressaten auffordert, den Blick vom Boden zu nehmen und sich aufrechten Ganges ihrer Kraft bewußt zu werden. Vielleicht gehörten diese beiden Passagen in Büchners Manuskript zusammen. In diesem Falle hätte sie Weidig durch den Einschub eines teilweise redundanten Textabschnitts (34,5–10: »So weit ein Tyrann blicket [...] ein großes Heer seyn«) zum Schaden für die Textkohärenz und bildliche Stringenz auseinandergezogen.

34,2 f. *Ihr seyd nichts, ihr habt nichts:* vgl. den zu 18,20 ff. (»Der Fürst ist der Kopf des Blutigels [...]«) nicht zitierten Schluß der imaginierten Valediktionsrede Flamins aus

Jean Pauls *Hesperus:* »Ihr arbeitet wohl, aber ihr habt nichts, ihr seid nichts, ihr werdet nichts.«

34,9 f. *In dem Leichenfelde . . .:* vgl. Hes. 37,7 und 10.

35,17 *die babylonische Hure:* Offb. 17,3 ff.

35,26–28 *wie über die kleinen Diebe . . . Eigenthum ihrer Brüder:* Als möglichen Verfasser dieser Passage hat August Becker in einem Verhör den Marburger Liberalen Sylvester Jordan angegeben (vgl. Mayer, 1979b, S. 248).

36,1 *Hebt die Augen auf:* Dieser Imperativ kommt häufig in der Luther-Bibel vor.

36,1–9 *Hebt die Augen auf . . . Schwert des Volkes umkommen:* Nach Hauschild (1993, S. 322) haben wir es hier und im Vorhergehenden (32,34–34,5) »mit einem Rest jener Passage« des *Landboten*-Entwurfs zu tun, in der Büchner unmißverständlich »zum Kampf der *Armen* gegen die *Reichen*« aufforderte (Görisch/Mayer, 1982, S. 335).

36,3–5 *Ihrer sind vielleicht 10,000 im Großherzogthum und Eurer sind es 700,000:* Das eklatante Mißverhältnis zwischen Unterdrückern und Unterdrückten hat vor Büchner bereits der französische Sozialrevolutionär Louis-Auguste Blanqui (1805–81) agitatorisch herausgestellt. In seiner auch in deutscher Übersetzung (Straßburg 1832) erschienenen Verteidigungsrede im Pariser (Schau-)*Prozeß der Fünfzehn* vom Januar 1832 hat er den 30 Millionen Bauern und Handwerkern in Frankreich die kleine Zahl von 200 000 bis 300 000 privilegierten Müßiggängern gegenübergestellt, die sich »vom Schweiße der Armuth mästen« würden (zit. nach: Katalog Marburg, S. 96).

36,7 f. *aber ich sage euch:* vgl. Mt. 5,22 ff.; 8,11; Mk. 9,13; Lk. 6,27.

36,8 f. *Wer das Schwert erhebt . . .:* vgl. Mt. 26,52.

36,11 f. *Das deutsche Volk ist Ein Leib ihr seyd ein Glied dieses Leibes:* vgl. 1. Kor. 12,12 ff. Das paulinische Gleichnis von dem Einen Leib und den vielen Gliedern war der

zentrale Bibeltext in Weidigs Predigt »vom gemeinen
Nutzen« (um 1819).

36,12 f. *Es ist einerlei, wo die Scheinleiche zu zucken anfängt:* Dieser im Klartext etwa wie folgt lautende Satz:
»Es ist egal, wo in Deutschland, in welchem deutschen
Staat die Erhebung (Revolution) beginnt«, nimmt sich
nach Stil und Vokabular im umgebenden Text »wie ein
Transplantat« aus und ist ohne weiteres dem Mediziner
Büchner zuzutrauen. Nach Mayer (1979b, S. 236 f.)
könnte der listige, »dialektische Satz« am ehesten so in
die sonst fast durchweg Weidig zuzuschreibende Schluß-
passage des HL gekommen sein, daß Büchner am Abend
des 5. Juli 1834, als er das überarbeitete Manuskript bei
Weidig abholte, um es nach Offenbach zum Druck zu befördern, »mit Weidigs Billigung die ›zuckende‹ *Scheinleiche* noch eingeflickt und vielleicht auch einige Zeilen
weiter unten aus einem *auferstehen* ein prägnanteres *aufstehen* gebessert hat«. Zu weiteren Erklärungsversuchen
vgl. Mayer (1979b, S. 236 f.).

36,13 *Wann der Herr euch seine Zeichen gibt:* Von numino-
sen Zeichen ist in der Bibel häufig die Rede; vgl. bes. Jes.
7,14. Zu diesem ganzen Satz vgl. Mayer (1979b, S. 232 ff.).

36,13 f. *durch die Männer:* vgl. hierzu die von Weidig im
November 1814 verfaßte »Einleitung zur Stiftungsurkunde der deutschen Gesellschaft zu Butzbach«, in der es
heißt: »Darum als nun [nach dem Sieg über Napoleon in
der Völkerschlacht bei Leipzig] der Tag der Erlösung
kam, haben viele Deutsche Biedermänner das Volk er-
mahnt, seiner urangestammten Kraft zu gedenken und
sich ihrer neu zu gebrauchen, und ob Gott will, das Land
wird auferstehen zu seiner alten Herrlichkeit.« (Weidig,
1987, S. 16) Solche »deutsche Biedermänner« wie 1814
etwa Arndt, Körner, Jahn, Nettelbeck, Blücher, Gneise-
nau, die er keinesfalls »etwa im buchstäblichen Sinne des
Wortes für ›Werkzeuge‹ Gottes gehalten« habe, hat Weidig nach Mayer (1979b, S. 233 f.) mit den »Männern« im

HL gemeint, wobei sich der »Bedeutungsgehalt« der »Männer«, »mit denen im gleichen übertragenen Sinn Weidig selbst und die übrigen oberhessischen ›Volksmänner‹ gemeint waren«, »allenfalls in die Richtung verschoben« habe, »daß aus den *Biedermännern* von 1814 inzwischen in den konspirativen Vorbereitungen des Frankfurter Wachensturms einschließlich Weidigs konsequent revolutionäre Demokraten geworden waren«.

36,14 *Dienstbarkeit:* Knechtschaft, Sklaverei. Der auch in der Bibel vorkommende Begriff (vgl. Neh. 9,17; Jes. 40,2) ist ein Lieblingsbegriff Weidigs, der in seiner Lamennais-Bearbeitung aus dem Jahre 1834 die Begriffe *servitude* und *esclavage* »fast durchgehend mit *Dienstbarkeit* übersetzte« (Mayer, 1979b, S. 232; vgl. auch S. 283, Anm. 387, 388).

36,17 f. *Dornäckern der Knechtschaft:* Dieses Bild ist wohl durch den Fluch angeregt worden, den Gott nach dem Sündenfall des Menschen gegenüber Adam ausspricht; vgl. 1. Mose 3,17 f. Vgl. auch Jes. 32,13.

36,19 f. *bis ins tausendste Glied:* vgl. 2. Mose 34,7.

36,24 f. *Wasser des Lebens:* Offb. 22,17; vgl. auch Offb. 22,1.

36,26 *wachet und rüstet euch im Geiste und betet:* vgl. Mt. 26,41; Mk. 14,38 (»Wachet und betet«). Zur Aufforderung »rüstet euch« vgl. Jes. 8,9.

36,27 f. *Herr, zerbrich den Stecken unserer Treiber:* vgl. Jes. 9,3.

36,28 *laß dein Reich zu uns kommen:* vgl. Mt. 6,10.

36,29 *das Reich der Gerechtigkeit:* vgl. Röm. 14,17. – Diese Stelle aus dem Römerbrief des Paulus hat Weidig in seiner Predigt »vom gemeinen Nutzen« (1819) wiederholt zitiert (vgl. Weickhardt, 1969, S. 130 f.).

Texte aus dem Umkreis
des *Hessischen Landboten*

In der Forschungsliteratur wird immer wieder in superlativischen Formulierungen die Einzigartigkeit und Außergewöhnlichkeit des HL in der Zeit des deutschen Vormärz hervorgehoben. Karl Viëtor (1949, S. 92) bezeichnet ihn als »die schärfste und glänzendste aller politischen Flugschriften der deutschen Reaktionszeit«, Walter Grab (1990, S. 82) qualifiziert ihn als »das wichtigste sozial-revolutionäre Manifest des deutschen Vormärz«, und nach Jan-Christoph Hauschild (1993, S. 317) stellt er »den Höhepunkt der politischen Publizistik im Vormärz dar, und zwar sowohl aufgrund seines sozialrevolutionären Inhalts als auch in bezug auf seine literarische Qualität.«

So singulär und exzeptionell der HL in mancher Hinsicht auch gewiß ist, so ist er doch keineswegs isoliert zu betrachten, sondern in einem publizistisch-literarischen Kontext, einer langen Tradition politischer Flugschriftenliteratur zu sehen, der er viele seiner Themen zu verdanken hat. Diese Tradition reicht »von den Organisationsstatuten, Predigten und Manifesten des Bauernkriegs über die Revolutionsaufrufe deutscher ›Jakobiner‹ [...] bis zur Publizistik deutscher und französischer Republikaner der frühen dreißiger Jahre« des 19. Jahrhunderts (Hauschild, 1993, S. 287).

Um sowohl die Traditionsverbundenheit des HL als auch seine Singularität und Neuartigkeit zu dokumentieren, werden im folgenden drei Schriften (bzw. Auszüge aus ihnen) der Vormärzzeit abgedruckt, die als mögliche Vorläufer oder Vorbilder des HL genannt worden sind.

Die wohl am häufigsten im Zusammenhang mit dem HL genannte politische Flugschrift der Vormärzzeit ist das 1819 anonym erschienene *Frag- und Antwortbüchlein* von WILHELM SCHULZ (1797–1860), der bis zu seiner Entlassung aus dem Militärdienst (1820) hessen-darmstädtischer Offizier war, später ein bedeutender politischer Publizist wurde und in der Zürcher Zeit (1836/37) der engste Freund und Vertraute Büchners gewesen ist, über den er 1837 einen Nachruf und 1851 einen überaus instruktiven Essay veröffentlichte. Zusammen mit dem HL und dem *Kommunistischen Manifest* wird das *Frag- und Antwortbüchlein* zu den bedeutendsten politischen Flugschriften und Broschüren des Vormärz gezählt. Seine Position in der politischen Publizistik Deutschlands in der Zeit zwischen 1789 und 1835 bestimmt Walter Grab (1987, S. 43) wie folgt: »Chronologisch und inhaltlich befindet es sich in der Mitte zwischen den Pamphleten der deutschen Jakobiner aus der Epoche der Französischen Revolution und dem Aufstandsappell Georg Büchners ›Der Hessische Landbote‹ von 1834.« – Auf unverkennbare Ähnlichkeiten und Parallelen zwischen dem *Frag- und Antwortbüchlein* und dem HL haben unter anderen Walter Grab (1990, S. 71–73) und Jan-Christoph Hauschild (1993, S. 288, 294) hingewiesen.

[Wilhelm Schulz]
Frag- und Antwortbüchlein über Allerlei,
was im deutschen Vaterlande besonders Noth thut.
Für den deutschen Bürgers- und Bauersmann.

Gott will, daß allen Menschen geholfen
werde und zur Erkenntniß der Wahrheit
kommen.
Epist. Pauli an Timotheum. 2. Kap.

Einen herzlichen Gruß allen braven deutschen Männern!

Es hat sich wohl schon jeder selbst im Stillen also gefragt: »Wie ist's doch in der Welt?« und: »Wie ist's nicht?« und: »Wie sollt's doch sein?« – Solche Fragen nun und die Antwort drauf stehn denn auch in dem Büchlein, und der Bürger und der Bauersmann soll selbst zusehen, ob alles, was drein steht, auch wahr ist und recht. – Mit der Wahrheit und mit der Gerechtigkeit ist es eine gar herrliche Sache, und wenn nur jedermann einmal wüßte, was denn eigentlich wahr und recht ist, dann sollte es auch bald in der Welt ganz anders und viel besser aussehn. – Viele Menschen aber scheuen und fürchten sich vor der Wahrheit, weil sie gern im Trüben fischen. Da sind viele vornehme, hochadelige und hochnasige Herrn, die tragen schöne bunte Bänder, wie der Hammel auf der Kirchweih, und haben das Geld und das Silber auf dem Rock, das der Bürger und der Bauersmann sonst im Sack gehabt hat. Dann sind viele da, die von den Regierungen schwer bezahlt werden, und die es gern recht dunkel hätten in den Köpfen der andern Leute, und denen es ein groß Ärgernis ist, daß in der Bibel steht: »Leget die Lügen ab und redet die Wahrheit miteinander, ein jeglicher mit seinem Nächsten, sintemal wir unter einander Brüder sind.« Solche sprechen (aber nicht alle, denn es gibt auch Brave unter ihnen), der Bürgers- und Bauersmann sei nur darum da, daß sie ihre Beutel mit seinem Gelde füllen könnten, und er sei viel zu dumm und einfältig um einzusehen und zu begreifen, was wahr und recht ist. Das ist aber gelogen; solches kann jedermann einsehn und begreifen, der seinen Verstand brauchen will, und man braucht dazu keine lateinische Brocken, oder französisch plappern zu können. Diese Herrn nun, die große Furcht vor der Wahrheit haben, werden auch an dem Büchlein hier ein Ärgernis nehmen. Sie werden sagen: »Es ist schlecht und dumm.« Sie werden sagen: »Es ist voll Lügen.« Aber das werden sie nicht sagen, wo und warum es gelogen ist. Sie werden sagen: »Es ist Aufruhr und Gewalttat drein gepredigt,« ob gleich das Gegenteil ganz deutlich drein steht. Sie werden sagen oder euch wohl gar befehlen wollen: »Ihr sollt das Büchlein nicht lesen.« Aber durch all das Gerede laßt euch nicht irr machen. Prüfet selbst und sehet mit eignen Augen. Christus

Vorlesung aus einer Flugschrift in einem oberhessischen
Dorfwirtshaus. Zeichnung von Rudolf Hofmann.

spricht: Prüfet alles und das Beste behaltet. Hernach aber,
wenn einer alles recht eingesehen und begriffen hat, dann
soll er auch danach tun. Er soll nicht die Hände in den
Schoß legen und warten, bis ihm der liebe Gott die Tauben
gebraten in's Maul fliegen läßt, sondern soll das gute Werk
frisch anfangen, dann wird es in der Welt besser werden und
wie es sein soll, dann wird es allen Guten – gut gehn und
den Schlimmen – schlimm.

Wie es eigentlich in jedem Lande sein sollte.

Was verlangt von jedermann die gesunde Vernunft und
was ist das größte und vornehmste Gebot des Christen-
tums?

Jedermann soll Gott und seinen Nächsten recht innig und von ganzem Herzen lieben.

Woran sieht man denn, daß wir unsern Nächsten lieben?

Daran, daß wir machen, daß jedermann recht und niemand unrecht geschieht. Christus spricht: »Selig sind, die da hungert und dürstet nach der Gerechtigkeit, denn sie sollen satt werden.« (Evang. St. Matth. 5. c.) Und weiter: »Selig sind, die um Gerechtigkeit willen verfolgt werden, denn das Himmelreich ist ihr.«

Wie lernen wir denn einsehen und verstehen, was recht und was unrecht ist?

Wenn wir die Vernunft brauchen, die uns der liebe Gott gegeben hat. Dann erkennen wir, was wahr und falsch, was recht und was unrecht ist. Dann werden uns nicht mehr Sünder und Toren mit falschen Worten belügen und betrügen. »Auf daß wir nicht mehr Kinder seien und uns wägen und wiegen lassen von allerlei Wind der Lehre, durch Schalkheit der Menschen und Täuscherei, damit sie uns erschlingen zu verführen.« (Ep. Pauli a. d. Epheser) Und Christus sagt: »So ihr bleiben werdet an meiner Rede, so seid ihr meine rechte Jünger, und werdet die Wahrheit erkennen und die Wahrheit wird euch frei machen.«

Wer ist denn ein freier Mann?

Frei ist einer, wenn ihm kein anderer sein Recht, sein Leben und Vermögen nehmen kann durch Mord und Raub und unnötige Steuern und Abgaben oder durch andere Gewalttat; und dann muß er ein gutes Gewissen haben; denn ein Sünder, wenn er auch ein Kaiser oder König ist, kann einem ehrlichen Bauersmann nicht offen und frei ins Auge schauen.

Will denn Gott haben, daß alle Menschen frei sein sollen?

Ja. Schon das Vögelein, wenn es in einen Käfig eingesperrt ist, das wird traurig und läßt die Federn hängen, und der Mensch, der in der Knechtschaft ist, der wird dumm und schlecht. Christus spricht: »Ich sage hinfort nicht, daß ihr Knechte seid, denn ein Knecht weiß nicht, was sein Herr tut.« (Evangl. St. Joh. 15. Cap.)

Was haben denn die Menschen getan, um friedlich und frei nebeneinander wohnen zu können?

Es sind viele Menschen in ein Land zusammen gekommen, um da in Ordnung miteinander zu leben, und einer dem andern zu helfen. Eine solche Gesellschaft von Menschen heißt man: ein Volk.

Wie wird denn die Ordnung im Volk erhalten?

Durch Gesetze, das ist: Gebote, die niemand übertreten darf, wer er auch ist.

Wer gibt denn die Gesetze?

Jeder brave und vernünftige Mann im ganzen Volk hat das Recht, dazu seine Stimme zu geben. Wo aber der Leute zu viel sind, da geht das nicht immer an. Darum müssen vom Volk die Männer gewählt werden, die in seinem Namen die Gesetze geben sollen.

Was haben diese also zu tun?

Sie haben sich nach dem Willen des Volks zu richten und für sein wahres Wohl zu sorgen. Wer aber seinen eigenen Vorteil sucht auf Kosten des Volks, der soll, als ein Volksverräter, bestraft werden.

Wie könnte wohl die Wahl dieser Männer am besten geschehen?

Wenn in jeder Gegend je tausend bis zehntausend zusammen kommen und wählen einen, den sie für den Besten und Geschicktesten halten, aber ohne Unterschied, ob einer reich oder arm, vornehm oder gering ist. All diese Männer, die so vom ganzen Volk gewählt worden sind, kommen nun zusammen und halten Rat. Man heißt sie: Volksvertreter. Es sollen aber von Zeit zu Zeit neue Volksvertreter gewählt werden, damit zu jeder Zeit die besten und verständigsten Männer genommen werden können.

Was ist weiter notwendig und erforderlich, damit die gegebenen Gesetze auch von jedermann befolgt werden?

Es muß eine Obrigkeit eingesetzt werden. Ein Kaiser,

König oder Fürst. Diese Obrigkeit nun muß dafür sorgen,
daß die Ordnung erhalten wird, die die Volksvertreter bestimmt haben. Wer aber dagegen handelt, der muß nach den
Gesetzen bestraft werden.

Muß denn gerade von einem Kaiser, König oder Fürst regiert werden?

Nein, solches ist nicht notwendig. Das Volk kann auch
mehreren Männern zusammen die Regierung übertragen.
So ist es im nordamerikanischen Freistaat, und das Volk befindet sich dort ganz wohl dabei. Immer muß es vom Willen des Volks abhängen, wie es regiert sein will und von
wem.

Ist denn jeder im Volk der Obrigkeit Gehorsam schuldig?

Ja. Ohne dieses würde die größte Unordnung entstehn.
»Jedermann sei Untertan der Obrigkeit, die Gewalt über
ihn hat.« (Paulus a. d. Römer, 13. Cap.)

Wenn aber die Obrigkeit selbst gegen die Gesetze handelt
und tut Unrecht gegen dich oder deinen Nächsten, was
sollst du dann tun?

Dann sage frei und ohne Furcht die Wahrheit. Wenn dich
aber die Obrigkeit nicht hört, dann zeige es den Volksver-
tretern an, die im Namen des Volks richten und Recht sprechen und die Ungerechten bestrafen. Denn ein Volk ist wie
eine große Gemeine; Christus aber spricht: »Höret er dich
nicht, so sage es der Gemeine; höret er die Gemeine nicht,
so halte ihn als einen Heiden und Zöllner.« (Evangel. St.
Matth. 18. Cap.)

Was für Anstalten gibt es denn in jedem Lande für das
Wohl des Volks?

Erstens, wenn es Streit über Mein und Dein gibt, muß gerichtet und Recht gesprochen werden. Alsdann muß das Leben und das Vermögen aller beschützt werden, das Wort
Gottes soll gelehrt und gepredigt, die Knaben und Mädchen
sollen zu tüchtigen Männern und Weibern erzogen werden,
und wenn es Krieg gibt, das Vaterland beschützt und vertei-
digt.

Wie muß es wohl angefangen werden, daß die meisten in einem Volke recht tüchtig und wacker werden?

Es müssen alle Kinder im ganzen Volk zu Frömmigkeit, Mut, Arbeit und Mäßigkeit erzogen werden. Eins wie das andere, alle in den nämlichen Schulen, ohne darauf zu sehen, ob die Eltern reich oder arm, vornehm oder gering sind. Es ist ferner notwendig, damit alle Menschen nach Christi Worten zur Erkenntnis der Wahrheit kommen können, daß jeder alles reden und schreiben darf, was wahr ist, wenn er nur auch die Wahrheit seiner Worte beweisen kann. Solches nennt man: die Preßfreiheit und Redefreiheit.

Wer hat das Recht, Krieg anzufangen und Frieden zu machen?

Die Volksvertreter, damit Fürsten und Regierungen nicht unnötige Kriege führen können, und Bürger und Bauern um Gut und Blut bringen.

Durch wen wird denn der Krieg geführt?

Wenn es Not tut, soll die ganze Landwehr in den Krieg ziehen. Das ist: Alle junge, rüstige Männer ohne Ausnahme.

Was ist aber dann notwendig und erforderlich?

Es muß jeder von Jugend auf in den Waffen geübt werden. Alle müssen marschieren, Schwenkungen machen, reiten, springen, fechten u. dergl. lernen. Solche Übungen heißen: Turnübungen. Dadurch werden alle stark und gewandt, kräftig und mutig.

Wenn das geschieht, braucht man dann noch viel Soldaten im Frieden zu halten?

Nein. Sie sind viel mehr zum Schaden als zum Nutzen. Um sie zu ernähren, müssen so hohe Abgaben und Steuern entrichtet werden. Sie halten sich dann gar für viel vornehmer als Bürger und Bauern, die sie doch bezahlen müssen, und werden Mietlinge der Fürsten und helfen das Volk drücken und pressen. Christus spricht: »Ein guter Hirte lässet sein Leben für die Schafe. Ein Mietling aber, der nicht Hirte ist, deß die Schafe nicht eigen sind, siehet den Wolf kommen und verläßt die Schafe und fleucht; und der Wolf

erhaschet und zerstreuet die Schafe. Der Mietling aber
fleucht, denn er ist ein Mietling und achtet der Schafe
nicht.« (Evangel. St. Joh. 10. Cap.)

Wie werden nun alle die Anstalten für das Wohl des
Volks in gutem Stande erhalten und die Männer bezahlt, die
richten und Recht sprechen, die predigen und lehren, die in
den Krieg ziehen u. s. w.?

Dazu soll jeder im Volke nach seinem Vermögen beisteu-
ern, also daß einer viel oder wenig gibt, je nachdem einer
reich oder arm ist. Die Volksvertreter aber haben die Steuern zu verwilligen, damit nie mehr bezahlt werden muß, als
gerade notwendig ist.

Wird denn ein Kaiser, König oder Fürst, oder wie sonst
die höchste Obrigkeit heißt, auch vom Volk bezahlt und erhalten?

Ja. Sie sind weiter nichts, als die obersten Diener und Beamten des Volks und sollen so viel bekommen, daß sie in
Ehren leben können und als sie verdienen, aber nicht mehr.
So lange aber noch irgend ein ehrlicher Bürgers- und Bauersmann Hunger und Kummer leiden muß, ist es gar unrecht, wenn Fürsten – Schmarutzer, Komödianten, Huren,
Pferde und Hunde füttern dürfen, Jagden und Schmause-
reien geben und vom Schweiß des Landes prassen und
schwelgen.

Wie es im deutschen Lande beschaffen ist.

Was ist denn das für ein Land, in dem wir Deutsche wohnen?

Das ist ein gar großes, schönes und fruchtbares und von
dem Himmel recht gesegnetes Land.

Leben alle Deutsche so glücklich und froh, als sie in ihrem schönen und fruchtbaren Lande leben könnten?

O nein! Es könnte und sollte gar viel anders sein. Einzelne Reiche und Vornehme leben gar üppig und schwelge-
risch, während mancher ehrliche und fleißige Bürger und
Bauer große Not leiden muß, schwere Abgaben bezahlen,

Schulden machen und noch obendrein von sogenannten vornehmen Herrn gehudelt wird.

Aber woher ist uns Deutschen solche Not gekommen?

Daher, weil in jedem kleinen Ländlein ein eigener Fürst große Macht und Gewalt an sich gerissen hat. Da wollte dann hernach der eine links, wenn der andere rechts wollte, und da ist es dann geschehen, daß Krieg ins Land kam, daß die Fremden plünderten und brandschatzten und einquartiert wurden, und daß es große Not gab, während Juden, Wucherer und Schmarutzer sich ihre Beutel gefüllt haben. So wäre es aber nimmermehr geworden, wenn Deutschland immer eins und einig gewesen wäre.

Ist denn auch jetzt Deutschland immer noch uneins?

Im Augenblick ist wohl Ruhe und es sollen auch alle Streitigkeiten immer in Frieden am deutschen Bundestage ausgemacht werden.

Was ist denn der Bundestag?

Das ist eine Versammlung von fürstlichen Gesandten und Dienern. Wenn nun dort vom Wohl des deutschen Volks die Rede ist, gehts immer gar langsam und bedächtlich her und geschieht nichts. Es ist wieder die alte Leier und das langsame Wesen wie vor den Franzosenzeiten.

Wie ist's denn mit den Gesetzen und mit Recht und Gerechtigkeit in Deutschland?

Hier so und dort anders. Also daß einer im einen Ländlein Recht haben kann, wer im andern groß Unrecht hat.

Wie ist's mit der Preß- und Redefreiheit?

Viele vornehme und reiche Herrn können wie die Nachtvögel das Licht nicht vertragen und mögens nicht leiden, daß die Wahrheit gesprochen und verstanden wird.

Wie ist's mit Handel und Wandel?

Da muß immer viel Zoll und Maut bezahlt werden, wenn etwas aus einem Ländlein in's andere soll, und drei Stunden von hier gilt wieder anderes Geld und wird mit anderem Maße gemessen.

Wie ist's mit dem Soldatenwesen?

Da werden zeitig Bürgers- und Bauersleute von der Arbeit und vom Pflug weggeholt und in buntige Röcklein gesteckt und wird mit ihnen, oft zum bloßen Zeitvertreib für manche vornehme Herren, gar wunderlich umgegangen. Solches muß denn das Land bezahlen.

Wie es anzufangen sei, daß es besser wird.

Wie müßte es denn sein, daß all' das Übel ein Ende hätte?

Deutschland müßte eins und einig sein. Das ganze deutsche Volk müßte seine ächten, frei erwählten Volksvertreter haben; die Volksvertreter bestimmten dann eine höchste Obrigkeit für das ganze deutsche Reich, der sowohl Könige und Fürsten wie Bürger und Bauern untertan wären.

Was soll nun wohl jetzt ein deutscher Mann für sein Vaterland tun?

Alles was er vermag mit Gut und Blut und Leib und Leben. Aber damit es in Wahrheit besser werde, muß es auch auf die rechte Art angegriffen werden. So lang es nun in Ordnung, Ruh und Frieden geschehen kann, soll keiner mit den Fäusten drein schlagen, wie's die Franzosen gemacht haben. Dadurch wird es oft noch schlimmer als vorher; besonders wenn unter einem Volke viel Schlechte sind, denen ein voller Beutel lieber ist als das ganze Vaterland.

Was soll dann aber getan werden?

Jeder Deutsche soll erst selbst recht gut und brav sein, er soll seinen Verstand brauchen und drüber nachdenken, wie alles so viel besser zu machen wäre. Hernach soll er mit seinem Nachbar und guten Freunde sprechen und so fort immer einer mit dem andern. Dann wird's kommen, daß alle deutsche Männer, die brav sind und nicht auf den Kopf gefallen, miteinander einig werden, und dann geht's schon. Solches wird recht leicht geschehen können, denn schon jetzt sind viel tausend Männer aus ganz Deutschland und aus allen Ständen in den Hauptsachen einig geworden.

Was soll noch weiter geschehen?

Jeder soll machen, daß recht wackere und mutige Männer

zu Landständen gewählt werden. Bei diesen Landständen geschieht zwar noch dadurch groß Unrecht, daß oft hundert Adeliche eben so viel Stimmen haben wie hunderttausend Bürger und Bauern, und ist dies eigentlich noch keine rechte Volksvertretung, aber so nach und nach kann es doch werden; dann muß man auch machen, daß alle Deutsche, besonders aber die Jungen, im Herzen recht wacker und mutig werden, im Kopfe hell und verständig und im Arm stark und kräftig. Und alle Deutsche sollen immer und ewig einig sein und einig bleiben. Das will der liebe Gott haben, denn da wir uneins wurden, kamen die Franzosen und Russen herüber und plünderten und raubten, und alle Abgaben und Steuern und Jammer und Not wurden immer größer und größer. Darum sollen sich alle Deutsche wie Brüder lieben, und es soll ihnen einerlei sein, ob einer ein Östreicher, Preuße, Hesse, Baier, Sachse oder Schwabe sei, wenn er nur ein ächter, guter Deutscher ist. Wenn sich aber die Fürsten wieder von neuem in die Haare fallen, und es geht wieder drunter und drüber in Deutschland, wie dann?

Dazu darf es nimmermehr kommen. Die Fürsten haben dem ganzen deutschen Volke versprochen, alle ihre Streitigkeiten in Frieden abzumachen. Und die Deutschen werden so dumm, so schlecht und so niederträchtig nicht mehr sein, daß sie sich noch einmal gegeneinander treiben lassen wie Schafe zur Schlachtbank. Christus spricht: »Ein jeglich Reich, so es mit sich selbst uneins wird, das wird wüste.« (Evangel. St. Matth. 12. Cap.)

So wollen wir denn handeln und schaffen in Liebe und Eintracht. Jeder tue Recht und scheue niemand. Dann wird der gute Gott uns segnen, und Freiheit und Recht und Glück und Wohlsein wird in unserm lieben deutschen Lande blühen, wachsen und gedeihen. Amen!«

Zit. nach: Karl-Ludwig Ay: Das Frag- und Antwortbüchlein des Darmstädtischen Offiziers Friedrich Wilhelm Schulz. Anhang. In: Zeitschrift für bayerische Landesgeschichte 35 (1972) S. 762–769.

Bekanntmachungen.

1628) [Darmstadt.] **Steckbrief.** Der hierunter signalisirte Georg Büchner, Student der Medicin aus Darmstadt, hat sich der gerichtlichen Untersuchung seiner indicirten Theilnahme an staatsverrätherischen Handlungen durch die Entfernung aus dem Vaterlande entzogen. Man ersucht deßhalb die öffentlichen Behörden des In- und Auslandes, denselben im Betretungsfalle festnehmen und wohlverwahrt an die unterzeichnete Stelle abliefern zu lassen.

Darmstadt, den 13. Juni 1835.

Der von Großherzogl. Hess. Hofgericht der Provinz
Oberhessen bestellte Untersuchungsrichter,

Hofgerichtsrath Georgi.

Personal-Beschreibung.

Alter: 21 Jahre,
Größe: 6 Schuh, 9 Zoll neuen Hessischen Maases,
Haare: blonde,
Stirne: sehr gewölbt,
Augenbraunen: blonde,
Augen: graue,
Nase: stark,
Mund: klein,
Bart: blond,
Kinn: rund,
Angesicht: oval,
Gesichtsfarbe: frisch,
Statur: kräftig, schlank,
Besondere Kennzeichen: Kurzsichtigkeit.

Steckbrief* Georg Büchners aus der Großherzoglich
Hessischen Zeitung, Darmstadt, 18. Juni 1835.

* Das erste gegen Büchner erlassene Fahndungs-»Signalement« fertigte der Gießener Universitätsrichter Georgi unter dem Datum des 4. August 1834 aus. Es weist gegenüber dem im Juni 1835 erlassenen Steckbrief folgende Abweichungen auf:
»Bart: blond, etwas am Kinn und schwacher Schnurrbart. [...] Besondere Zeichen: düsteren, nach der Erde gesenkten Blick, dem Anscheine nach kurzsichtig, trägt zuweilen eine Brille. Geht etwas einseitig. Wahrscheinliche Kleidung: Runder schwarzer Hut; Rock: blautüchner, eine Art Polonaise mit Schnüren auf Brust und Rücken, sog. Blattlitzen; Beinkleider: unbekannt; Stiefeln: gewöhnlich.« (Zit. nach: Insel-Almanach auf das Jahr 1987. Georg Büchner. Hrsg. von Thomas Michael Mayer. Frankfurt a. M. 1987, S. 18 f.)

Georg Büchner im Polenrock: Lithographie oder Zeichnung,
vermutl. von Heinrich Adolf Valentin Hoffmann.

Neben dem *Frag- und Antwortbüchlein* wird in der Büchner-Forschung immer wieder die – am 12. Januar 1832 im ›Prozeß der Fünfzehn‹ gehaltene – ›Verteidigungsrede‹ des französischen Sozialrevolutionärs LOUIS-AUGUSTE BLANQUI (1805–81) als Vorbild für den HL genannt.[1] Die Rede Blanquis erschien unter dem Titel: *Défense du citoyen Auguste Blanqui devant la Cour d'Assises* (Paris 1832); sie wurde außerdem im März 1832 in zwei französischen Flugschriften sowie in einer deutschen Übersetzung verbreitet, die 1832 in Straßburg als Flugschrift gedruckt wurde: *Prozeß der Volksfreunde zu Paris. Ein Vorbild des Ernstes und der Kraft*, Straßburg: gedruckt bei der Frau Wittwe Silbermann [1832]. Nach dem Wortlaut dieser zeitgenössischen Übersetzung wird die Rede hier auszugsweise abgedruckt.

Louis-Auguste Blanqui
Verteidigungsrede vor dem Schwurgericht
des Départements Seine
im ›Prozeß der Fünfzehn‹ (12. Januar 1832)

»Geschworne! man klagt mich an, vor dreißig Millionen Franzosen (*Proletaires** gleich mir) gesagt zu haben, sie hätten das Recht zu leben. Wenn dieß nun ein Verbrechen ist, so wäre es auf jeden Fall billig, mich nicht vor Männer zu laden, die Parthei und Richter in derselben Sache sind. [. . .] Ich stehe also nicht vor Richtern, sondern vor Feinden; unnütz wäre es demnach, mich vertheidigen zu wollen. Auch bin ich entschlossen und gefaßt auf jedes Urtheil das mich

---

* Dieses Wort läßt sich seines eigenthümlichen Sinnes wegen, nicht ins Deutsche übersetzen. Wir haben kein gleichbedeutendes Wort. ›Proletarius‹ (lat.) eigentlich Fortpflanzer des Geschlechts, führt im Französischen noch den Nebenbegriff der Mittelosigkeit oder Armuth. [Anm. d. Übers.]

1 Zur Bedeutung der Rede Blanquis für Büchners *Landboten* vgl. besonders: Hans Mayer (1972, S. 81); Schaub (1977, S. 356 f.); Thomas Michael Mayer (1979b, S. 63 f.); Katalog Marburg (S. 95 f.); Hauschild (1993, S. 289 f.).

treffen könnte, indem ich jedoch mich feierlich und kräftig gegen diese Stellvertretung des Rechts durch Gewalt auflehne, und mit voller Zuversicht von der Zukunft hoffe, sie werde die Macht dem Rechte verleihen. [...] Unsere Rolle ist zum voraus bestimmt, die Rolle des Anklägers ist die einzige, die dem Unterdrückten zukommt. –

[...] Glaubet nicht, wir kämen hieher, uns wegen der Vergehen zu rechtfertigen, die man uns aufbürdet!! – Das sei ferne. Wir sind vielmehr stolz auf die Anklage, und dieser Sitz der Verbrecher ist heute ein Ehrenplatz nach dem wir Alle geizen sollen und von dem aus wir unsere Anklage gegen die Elenden schleudern, welche Frankreich zu Grunde gerichtet und entehrt haben [...].

Das Gericht hat eurer Einbildung [...] eine Empörung der Sklaven vorgespiegelt, um euren Haß durch Furcht anzuregen. »Ihr seht, sagte es, dieß ist der Krieg der Armen gegen die Reichen.« »Jeder der Etwas besitzt, ist betheiligt diese Eingriffe zurückzuweisen; wir führen euch eure Feinde vor, zernichtet sie, bevor sie furchtbarer werden.«

Ja, meine Herren! Dieß ist der Krieg zwischen Arm' und Reich'; so wollten es die Reichen, denn sie haben den ersten Angriff gethan. – Sie finden nur übel, daß die Armen Widerstand leisten [...].

Unaufhörlich klagt man die *Proletairs* als Raubgesindel an, das bereit sey, sich über die Besitzthümer herzumachen. – Und warum? weil sie sich beklagen unter der Last von Auflagen und Abgaben, zu Nutz und Gunst der Privilegirten, erdrückt zu werden.

Die Privilegirten hingegen, die sich vom Schweiße der Armuth mästen, diese sind legitime Besitzer, denen ein gieriger Pöbel mit Raub und Plünderung droht. –

Es ist nicht das erste Mal, daß sich Henker in die Maske der Schlachtopfer verstecken. – Wer sind denn diese Räuber die solchen Fluches, solcher Qualen würdig wären? Dreyßig Millionen Franzosen, die dem Fiskus anderthalb Milliarden und beinahe ebensoviel den Privilegirten zahlen. –

Die Eigenthümer aber, welche die ganze Gesellschaft mit ihrer Macht schützen soll, dieß sind 2 oder 300,000 Müßige, welche ganz behaglich die Milliarden verzehren, die jene Räuber ihnen entrichten. [...]

Die gegenwärtige Regierung beruht in der That auf keiner andern Grundlage, als auf dieser ungerechten Austheilung der Aemter, Würden und Besoldungen. So stellte die Restauration von 1814 uns dieselbe her, mit dem Gutachten der Fremden, um eine geringe Minorität mit der Beute der Nation zu bereichern. Hunderttausend Bürger bilden dabei was man, mit bitterer Ironie, das demokratische Element nannte! [...]

[...]

Schreckliche Maschine, welche von 25 Millionen Bauern und 5 Millionen Handwerkern einen um den andern zermalmt, um ihr reinstes Blut abzuzapfen und in die Adern der Privilegirten umzugießen.

Das mit bewunderungswürdiger Kunst kombinirte Räderwerk dieser Maschine ergreift den Armen jeden Augenblick, verfolgt ihn in den geringsten Bedürfnissen seiner anspruchslos bescheidenen Lebensweise, rafft die Hälfte seines geringfügigen Gewinns, seines armseligsten Genusses, hinweg. – Und doch ist dieß noch nicht genug: das Geld, welches aus dem Säckel des Armen in die Kisten und Kasten des Reichen strömt, muß durch den bodenlosen Schlund des Fiskus gehen; noch ungeheuer größere Summen werden unmittelbar von der Masse durch die Privilegirten bezogen, kraft gewisser Gesetze, welche auf den industriellen und Handels-Verträgen lasten, Gesetze deren Fabrikation ganz ausschließlich den Privilegirten zusteht. [...] Ich übergehe die Salzauflagen, die Loterie, das Tabakmonopol – mit einem Wort, jenes unentwirrbare Netz von Auflagen, Monopolien, Verboten, Mauth- und Oktroisperren, das den *Proletair* umschlingt, alle seine Glieder fesselt und auszehrt? Die Bemerkung mag hinreichen, daß diese Masse von Lasten immer so ausgetheilt ist, daß der

Reiche dabei verschont bleibt, und der Arme ausschließlich gedrückt werde, oder vielmehr, daß die Müßigen auf eine schändliche Weise die arbeitenden Massen berauben.

Doch Raub ist unumgänglich nothwendig! denn, wird nicht eine mächtige Civilliste erfordert, um das Königthum zu beköstigen? um es über die edelmüthige Aufopferung seiner Ruhe zum Heil und Wohlergehen des Landes zu trösten? Und weil einer der Hauptansprüche der jüngern Bourbonenlinie an die Erblichkeit auf ihrer zahlreichen Nachkommenschaft begründet ist, wird doch der Staat nicht schmutzig kratzen und den Prinzen die Kronerbschaften und Krongüter, oder den Prinzessinnen eine Mitgift verweigern wollen? Auch muß man diese ungeheure Armee von Schmarotzern, Diplomaten und all jener Beamten nicht ungeachtet lassen, die Frankreich, zu seinem eignen Glück, reichlich besolden muß, damit sie durch ihren Luxus die privilegirte Bürgerklasse bereichern, denn alles Geld, welches durch das Budget verschwendet wird, wird ja in den Städten verzehrt; dem Bauer soll übrigens ohnedem kein Heller von den anderthalb Milliarden, deren Fünfsechstheile durch ihn bezahlt wird, zurückkehren. [...]

Nothwendig muß man ja das große Räderwerk der Repräsentiv-Maschine im Fett erhalten, und Söhne, Neffen, Basen und Nichten reichlich ausstatten. Und die Höflinge, Hofdamen, Intriganten, Schranzen und Papierstutzer, die auf der Börse zum Voraus schon die Ehre und Zukunft des Landes verhandeln, die Kupplerinnen, Maitressen, Lieferanten, Polizeifiguren, Scribler etc., welche auf den Untergang Polens speculiren; All dieses Gewürme der Palläste und der Salons, will es nicht alles mit Gold gestopft und gepfroft seyn? [...]

Ich frage Sie, meine Herren! wie sollten Männer von Geist und Gemüth, durch eine platte Geldaristokratie in die Kaste der Parias verwiesen, solch grausame Unbill nicht tief empfinden? – Wie könnten sie gleichgültig bei der Schmach und Schande ihres Landes, bei den Leiden des Armen, ihres Bruders im Unglück, bleiben? Ihre heilige Pflicht ist es, die Massen aufzurufen, das Joch des Elends und der Schande zu zermalmen; und diese Pflicht haben wir erfüllt trotz eurem Gefängnisse, und bis ans Ende werden wir sie erfüllen trotz unsern Feinden. [...]

Die Organe des Ministeriums wiederholen mit Selbstgefälligkeit, daß ja den Klagen des Armen Wege offen stehen, daß ihm ja die Gesetze rechtsgeregelte Mittel an die Hand geben, seine Anliegen und Interessen gehörigen Orts zu vertreten.

Doch, das ist Hohn, bitter Hohn! Verfolgt den Armen nicht allenthalben der gähnende Rachen des Fiscus? Er muß sich abmühen und arbeiten, Tag und Nacht arbeiten um unaufhörlich dieser neuen Gier den Fraß in den Schlund zu werfen, glücklich noch! wenn ihm ein Bröcklein übrig bleibt, den Hunger seiner Kinder zu stillen!!! [...] Wenn durch Zufall oft der Rednerbühne oder der Presse ein Wort der Bemitleidung seines Elends und Jammers entwischt, eilt man im Namen der öffentlichen Ordnung und Sicherheit, Schweigen zu gebieten, denn diese verpönt die leiseste Berührung jener feuersprühenden Fragepunkte, oder man schlägt Alarm gegen Anarchie! Wenn nun einige Menschen beharren, so büßen sie rechtens im Gefängniß für ihr Gebrüll, das die ministerielle Verdauung gestört hat [...]. Sollte aber trotz dieser Maaßregeln der Nothschrei des Hungers so vieler Tausende von Unglücklichen die Ohren der Privilegirten erreichen, so schreien, stöhnen und brüllen sie: »Macht muß dem Gesetze bleiben! eine Nation soll nur für die Gesetze erglühen!«

Eures Erachtens, meine Herren, wären also alle Gesetze gut? Gäb es nie welche, die euch Schaudern erregten?

Kennet ihr keine, die lächerlich, gehässig oder unsittlich wären? [...] Man antwortet uns: »Wenn schlechte Gesetze da sind, so begehrt die gesetzliche Reform; unterdessen aber gehorchet! ...« Dieser Spott ist noch bitterer; noch beißender: denn diese Gesetze werden ausgeheckt durch 100,000 Wahlmänner, in Anwendung gebracht durch 100,000 Geschworne, und in Ausübung gesetzt durch 100,000 städtische (*urbani*) Nationalgarden; denn man hat wohlweislich die Nationalgarden der Landgemeinden aufgehoben: sie gleichen dem Volke zu sehr! –

Diese Wahlleute nun, diese Geschworne, diese Nationalgarden sind immer dieselben Individuen, welche die entgegengesetzten Aemter häufen, und gleichzeitig als Gesetzgeber, Richter und Soldaten dastehen: so daß derselbe Mensch Morgens als Deputirter, das Gesetz schafft, Mittags dieses Gesetz als Geschworner anwendet und es Abends in den Straßen als Nationalgarde in Ausübung bringt. Was thun aber die 30 Millionen Proletairs bei all diesen Schwenkungen und Paraden? – Sie zahlen. –

Die Lobhudler der Repräsentativ-Regierung gründen ihre Lobsprüche hauptsächlich darauf, daß dieses System die gesetzgebende, richterliche und ausübende Gewalt von einander trenne, sie fanden nicht Ausrufungen und Worte genug, ihre hohe Bewunderung dieses staunenswürdigen Gleichgewichts auszudrücken, welches nun auf einmal die schon so lange gesuchte Lösung des großen Problems gab: Ordnung mit Freiheit zu vereinbaren! und Fortschreiten mit Stätigkeit! – Wohlan! nun findet sich's aber, daß eben dieses Repräsentativ-System, so wie es die Apologisten in Anwendung bringen, ja gerade die drei Gewalten in die Hände einer Minderzahl von Privilegirten konzentrirt, die durch dasselbe Interesse verbündet sind. [. . .]

Was auch geschieht: der Arme bleibt außer Rechnung. Die durch Amt- und Macht-Erschleicher gewählten Kammern fahren ungestört in ihrer Fabrikation von Fiscal-, Penal- und Administrativ-Gesetzen fort, die, versteht sich, alle nur die Ausbeutung bezwecken. Nun wage es das Volk nach Brod zu schreien, von den Privilegirten die Aufhebung ihrer Privilegien, von den Monopolisten die Zernichtung der Monopole, und von allen das Abschwören ihres Müs-

siggangs zu fordern; so werden sie ihm in's Angesicht lachen. Was hätte wohl der Adel von 89 gethan, wenn man
ihn demüthigst gebeten hätte, seine Feudalrechte zu entsagen? [. . .]

Die Klügsten dieser herzlosen Aristokratie fühlen wohl,
wie drohend die Gefahr ist, in welche sie die Verzweiflung
einer brodberaubten Menge versetzt, und schlagen daher
vor, das Elend derselben ein wenig zu erleichtern, nicht
durch Menschlichkeit, da sei Gott für! sondern um sich der
Gefahr zu entziehen.

Was die politischen Rechte betrifft, davon schweige man
und werfe dem *Proletair* einen Knochen zu benagen hin. –
[. . .]

Wir fordern, daß die 33 Millionen Franzosen diejenige
Form ihrer Regierung auswählen, die ihnen zusteht, und
durch allgemeine Abstimmung die Vertreter wähle, welche mit der Gesetzgebung beauftragt würden. Nach Voll-
ziehung dieser Reform werden alle Auflagen welche den
Armen zu Gunsten des Reichen berauben, schleunigst ab-
geschafft und durch andere auf entgegengesetzten Grundla-
gen beruhende ersetzt werden. – Anstatt von dem arbeitsa-
men *Proletair* zu nehmen um es den Reichen zu geben, wird
die Auflage den Ueberfluß des Müßigen treffen, um ihn unter jene Masse armer Bürger auszutheilen, die der Mangel
an Mittel zum Gewerbe, zur Unthätigkeit zwingt. Sie wird
den nichterzeugenden Verzehrer treffen, um die Quellen
der Produktion zu befruchten; mehr und mehr die Tilgung
der öffentlichen Schulden erleichtern, diese eiternde Wunde
des Landes verharrschen, das schädliche Gerüste von Börse-
Einrichtungen durch ein System von Nationalbank ersetz-
zen, worin die Thätigkeit Elemente des Wohlstandes finden
wird. – Dann, und nur dann werden die Auflagen eine
Wohlthat seyn. Dieß, meine Herren, verstehen wir unter
Republik, dieß und nichts anderes! [. . .]

Schon wenn die Oppositions-Parthei der Deputirten-
kammer, so national sie auch ist, es nicht vermag, das Volk

in Einklang zu bringen, wenn sie die Regierung berechtigt sie der Unfähigkeit und Ohnmacht zu zeihen, so geschieht es bloß deßwegen, weil sie, obwohl das Königthum zurückweisend, es dennoch nicht gewagt hatte, sich mit derselben Freimüthigkeit für die Republik zu erklären; weil sie, da sie sagte, was sie nicht wollte, nicht geäußert hat, was sie wollte.

Sie entschließt sich nicht, das Wort Republik zu nennen, vor welchem die Schlechten und ihre Anhänger dem Volke Schrecken einzujagen suchen, da sie wohl weiß, daß die Nation die Sache beinahe einstimmig verlangt. Seit 40 Jahren hat man mit unglaublichem Glück die Geschichte entstellt, in dem alleinigen Zweck Furcht und Schrecken zu erregen; allein die letzten 18 Monate haben manchen Irrthum beleuchtet, manche Lüge gerichtet, und das Volk wird nicht länger dem Truge unterliegen. Es will zugleich Freiheit und Wohlstand. Verläumdung ist es zu behaupten, es gebe alle seine Freiheiten für ein Stück Brod dahin. [. . .] Zeigte sich nicht das Volk in allen schwierigen Lagen stets bereit, Gut und Leben der moralischen Ueberzeugung aufzuopfern? War es nicht das Volk, das im Jahr 14 eher sterben, als die fremden Mächte in Paris sehen wollte? Welches materielle Bedürfniß trieb es damals zu dieser hochherzigen Begeisterung? Es hatte Brod – im Jahr 1814, sowohl am 1. April als am 30. März. –

[. . .] Auch war es im Juli der Hunger nicht, der den *Proletaire* auf die öffentlichen Plätze trieb, er folgte vielmehr einer rein moralischen Stimme, dem Wunsche sich von der Knechtschaft loszureißen durch einen dem Vaterlande geleisteten Dienst; vor allem aber der Haß gegen die Bourbonen! denn nie hat das Volk die Bourbonen anerkannt; während 15 Jahren brütete sein Haß, den Augenblick seiner Rache, in stummem Schweigen erspähend, und als seine kräftige Faust das Joch zertrümmert hatte, wähnte es auch die Verträge von 1815 gerichtet zu haben. Die Politik des Volkes dringt tiefer als die der Staatsmänner, sein Instinkt sagte ihm, daß eine Nation keine Zukunft haben werde, wenn auf ihrer Vergangenheit eine ungetilgte Schande lastet. Krieg wollte es also! nicht um jene unsinnigen Eroberungen zu erneuern, sondern um Frankreich des Bannfluches der fremden Vormundschaft zu entwinden, ihm seine Ehre wieder zu erringen, welches die erste Bedingung des Wohlstandes ist; – den Krieg wollte das Volk, um den Schwester-Nationen Europens zu beweisen, daß es, weit entfernt, ihnen Rache nachzutragen wegen des unseligen Irrthums, der sie Anno 1814 unter Waffen in unser Land führte, vielmehr nur begehre, sie und uns zu rächen, indem es die Lügen-Könige strafe und den Nachbarn Friede und Freiheit bringe. Das ist es, was die 30 Millionen Franzosen begehrten, welche mit Begeisterung den neuen Zeitabschnitt begrüßten.

Das ist es, was aus der Juli-Revolution hervorgehen sollte; sie ist gekommen um unsern 40 Revolutionsjahren als Schlußstein zu dienen. Unter der Republik hatte das Volk die Freiheit um die Hungersnoth erkauft, das Kaiserthum gab ihm eine Art von Wohlstand, indem es dasselbe seiner Freiheit beraubte.

Beide Regierungsarten wußten die äußere Würde rühmlichst aufzufrischen, dieses erste, wesentliche Bedürfniß einer großen Nation.

Alles gieng unter im Jahr 1815, und dieser Sieg des Auslandes dauerte 15 Jahre. Was war denn der Kampf im Juli, wenn nicht eine Rache an jener langen Niederlage und das wieder befestigte Band unserer Nationalität? Und da jede Revolution ein Fortschritt ist, sollte dann uns diese nicht den völligen Genuß der Güter zusichern, die wir bisher nur theilweise erhielten? Sollte sie uns nicht Alles wieder geben, was wir durch die Restauration verloren? – Freiheit, Wohlstand, äußere Würde! dieß war die Aufschrift der Volkesfahne im Jahr 30. Die Doctinärs lasen darauf: Aufrechthaltung aller Privilegien! Charte von 1814! Quasi-Legitimität! demzufolge gaben sie dem Volke: Knechtschaft und Elend, Schande und Schmach.

Hat sich etwa der *Proletaire* bloß geschlagen, um ein anderes Gepräge auf seiner Münze zu haben, die er so selten zu Gesicht bekommt? – Sind wir so gierig nach neuen Münzsorten, daß wir Throne umstürzen, um diese Laune zu befriedigen.

Dieß ist die Meinung eines ministeriellen Schriftstellers, der uns versichert, daß wir darauf bestanden hätten, die konstitutionelle Monarchie, mit der Variante Louis Philipps anstatt Karls X zu haben. Das Volk hatte, nach ministerieller Ansicht bloß Antheil daran, als Instrument der bemitteltern Klasse, d. h. die *Proletairs* seyen Gladiatoren, die zum Vergnügen und Profit der Privilegirten tödten und sich tödten lassen, welche von ihren Fenstern herab applaudiren … (doch wohl verstanden nach beendigtem Kampfe) … Die Flugschrift, welche diese schöne Theorie* der repräsentativen Regierung enthält, erschien den 20. November 1831; Lyon antwortete darauf den 21sten. [. . .]

Welch' schaudererregenden Abgrund entschleierten uns die Lyoner Begebenheiten! Das ganze Land fühlte sich von Mitleid gerührt bei dem Anblick jener Schaaren von Gespenstern, hager und ausgezehrt durch Hunger und Elend, auf die Mitraille losstürzend, um wenigstens mit einem Schlag zu sterben! –

Aber nicht nur in Lyon allein, sondern überall erliegen die Arbeiter unter der Last der Abgaben. Jene Menschen, jüngst so stolz auf einen Sieg, der ihr Auftreten auf der politischen Bühne an den Triumph der Freiheit knüpfte; jene Menschen, die ganz Europa umzuwandeln vermochten, kämpfen nun gegen Hunger und Noth, die ihnen nicht mehr Kraft genug lassen, sich zu entrüsten über all' die entehrende Schmach, welche noch die Schande der Restauration erhöht. [. . .]

Dieses ist das neugeborne Frankreich des Juli's, wie die Doctinärs es uns zugerichtet haben! – Wer hätte es ge-

---

* Von Chateaubriand. [Anm. d. Übers.]

glaubt, in jenen Tagen froher Berauschung, als wir maschi-
nenmäßig mit aufgeschulterter Flinte durch die entpflaster-
ten Straßen und Barrikaden zogen, betäubt durch unsern
Triumph, das Herz voll seliger Hoffnungen, im Geiste
schauend das Erblassen der Könige und den Jubel der Völker, wenn die Töne unserer Marseillelaise fernher an ihr
Ohr schlügen! –

Wer hätte es geahnet, daß solche Freude und solcher
Ruhm sich in so tiefe Trauer verwandeln könnte! Wer hätte
gedacht, beim Anblick jener 6 Fuß hohen Arbeiter, deren
schmutzigen Hände die aus ihren Kellern hervorgekroche-
nen Bürger um die Wette küßten, und ihre Uneigennützig-
keit und ihren Muth unter Thränen der Bewunderung aner-
kannten! – wer hätte gedacht, daß sie dem Hunger preisge-
geben, da liegen würden auf diesem Pflaster, welches sie er-
obert, und daß ihre Bewunderer sie einst den Krebsscha-
den der Gesellschaft nennen würden? –

Hochherzige Schatten! ruhmvolle Sieger! deren
erkaltete Hand meine Hand gedrückt zum letzten Lebe-
wohl, auf dem blutigen Schlachtgefilde, deren Antlitz ich im
letzten Todeskampf mit ihrem Kittel bedeckte, glückselig
seyd ihr entschlummert mitten im Siege, der euer Ge-
schlecht befreien sollte, und 6 Monate später fand ich eure
Kinder im Grauen des Kerkers schmachtend, und suchte
den Schlummer auf meiner Streue, unter ihrem Jammerge-
ächze, unter den Verwünschungen ihrer Henker und dem
Geiselzischen, das ihre Klagen ersticken sollte! –

Meine Herren! sehen Sie keine Unklugheit in diesem empörenden Betragen gegen Menschen, die einen Versuch ihrer Kraft gethan, und sich nun in einer schaurigern Lage befinden, als diejenige gewesen, aus welcher sie zum Kampfe
hervortraten? [...] Fühlen Sie sich so fest davon überzeugt,
der Schonung des *Proletaires* nie mehr zu bedürfen, daß Sie
sich ohne Gefahr dem Fall aussetzen könnten, ihn scho-
nungslos und unversöhnlich zu finden? –

[...]

Bald sind es 18 Monate, die angewendet worden, Stück vor Stück das wieder aufzubauen, was in 48 Stunden niedergestürzt wurde; und diese 18 Monate der Reaction vermochten noch nicht einmal das Werk der 3 Tage zu erschüttern. – Keine menschliche Gewalt ist im Stande die geschehene That in das Nichts zurückzuschleudern. [...]

Die Heldin Frankreich hat empfangen in der blutigen Umarmung der gedrängten Kraft von 6000 Helden; lang und schmerzlich kann ihr Gebähren werden; allein ihre Hüften sind stark und kräftig, und nie werden die doctrinären Giftmischer es vermögen, die unreife Geburt abzutreiben.

Ihr habt die Juli-Flinten in Beschlag genommen! wohl! die Kugeln aber sind zerstreut. Jede Kugel der Pariser Arbeiter ist auf der Reise um die Welt begriffen; unaufhörlich werfen sie nieder! und niederschmettern werden sie bis keiner mehr, von den Feinden der Freiheit und des Völkerrechts aufrecht steht.«

> [Louis-Auguste Blanqui:] Prozeß der Volksfreunde zu Paris. Ein Vorbild des Ernstes und der Kraft. Straßburg [1832].

Als mögliches Vorbild für Büchners Verfahren der finanzstatistischen Argumentation und Agitation kommt außer Blanqui und einigen rheinpfälzischen Oppositionellen aus dem Umkreis des Hambacher Festes[2] auch LUDWIG BÖRNE (1786–1837) in Frage.[3] Im 66. Brief seiner *Briefe aus Paris* (1832–34) vergleicht Börne die Budgets von Frankreich und Bayern, insbesondere die Zivillisten des französischen und des bayrischen Königs, ein Vergleich, der deutlich zuun-

---

2 Vgl. Schaub (1977, S. 352–355) und Hauschild (1993, S. 290).
3 Auf den 66. Brief Börnes aus Paris als mögliche Anregung für Büchner hat als erster (und bisher einziger) Alfred Estermann aufmerksam gemacht (vgl. Agnes Hüfner, »Helmstedter Überraschung. Neues zur Beziehung Büchner–Börne«, in: *Süddeutsche Zeitung*, 17. Februar 1987).

gunsten des letzteren ausfällt. Der finanzstatistisch argu-
mentierende 66. Brief ist um die Jahreswende 1832/33 als
»achtzehnter Brief« im 12. Teil der *Gesammelten Schriften*
(d. i. Bd. 4 der *Briefe aus Paris*) von Ludwig Börne erschienen. Die Teile (bzw. Bände) 11 und 12 der *Gesammelten
Schriften* tragen, um die Zensurbehörden irrezuführen, den
harmlosen Titel *Mittheilungen aus dem Gebiete der Län-
der- und Völkerkunde* (1. und 2. Teil) und die fingierte
Orts- und Verlagsbezeichnung »Offenbach – Bei L. Brunet«, 1833.[4] Wie schon die Bände 1 und 2 finden auch die
Bände 3 und 4 der *Briefe aus Paris* große Beachtung in der
literarischen Öffentlichkeit, so daß Büchner den 66. Brief
aus Paris sehr wohl gekannt haben könnte.

Ludwig Börne
[Aus dem 66. der] Briefe aus Paris

»[...] Das Budget von Frankreich beträgt vierzehnhundert
Millionen, die Civilliste mit vierzehn Millionen würde also
den hundertsten Theil der Staatsausgaben betragen. Das
Budget von Baiern beträgt sieben und zwanzig Millionen,
und die Civilliste des Königs drei Millionen, also den
neunten Theil des ganzen Staatshaushalts. Wenn der König von Frankreich in gleichem Verhältnisse, wie der König
von Baiern ausgestattet wäre, würde seine Civilliste auf
155½ Millionen steigen; und wenn der König von Baiern
dem Könige von Frankreich gleich gesetzt würde, sänke
sein Einkommen auf 270,000 Gulden herab. Und wäre das
nicht genug? Die ungeheuren Summen, die der König von
Baiern verschwendet, seinen Wohnort zum neuen Athen zu
machen, könnten erspart werden: München war die Stadt

---

4 Daneben ist eine nicht seitenidentische Ausgabe dieser Bände der *Gesammelten Schriften* unter der falschen Firmierung »Paris. Bei L. Brunet. 1833«
erschienen.

der Nachteule, schon ehe es Statüen und Gemählde besaß. Ist es nicht ein herzzerreißender Jammer, daß der arme Häusler im Spessart, der sich glücklich schätzt, wenn ihm nur drei Tage in der Woche die Kartoffeln mangeln, den Schweiß seiner Hände versilbern muß, damit in einer sechzig Stunden entfernten Stadt, die er nie gesehen, wohin er nie kommen wird, eine Klypthothek, eine Pinakothek, ein Odeon – Dinge, deren Namen er nicht einmal kennt – die eitle Ruhmsucht eines Königs befriedige? Und dieser kunstliebende König, der Zögling des alten freien Griechenlands, der Nacheiferer eines Perikles, hat den Stellvertretern des baierischen Volks sagen lassen: Er würde sie auseinander treiben, wenn sie sich unterständen, ihm noch so wenig von seiner Civilliste zu streichen! Und er hat später seiner Adelskammer kund gethan, er wolle sich mit drei Millionen begnügen! und die Minister dieses Königs haben in öffentlicher Sitzung der Kammer zu verstehen gegeben: ihr Herr würde der Kammer manche Forderung bewilligen, wenn sie sich gegen die Civilliste billig zeigten! [...] Der König von Baiern ließ seinem Volke sagen, er würde ihm dieses und jenes Recht gewähren, diese und jene Freiheit bewilligen, die man doch unmöglich geschenkt verlangen könnte, wenn man sie ihm bezahlte – bezahlte! Und was hat die Kammer geantwortet? und was hat die badische gethan? und ... doch davon später. Ich will warten, bis die von Cassel auch dazu kommt, noch eine kurze Zeit warten. Und dann? Nun, dann werde ich trauern, daß ich Recht behalten. Ich werde nicht Triumph! Triumph! rufen, wie es der feurige Welker schon vor dem Siege, ja schon vor dem Kampfe gethan! Nicht für meine Eitelkeit, für mein Vaterland habe ich die Stimme erhoben, und darum wehklagt mein Herz über den Sieg, den mein Geist errungen ...

Ich habe es vergessen: wir glücklichen Deutschen haben einige und dreißig Fürsten, einige und dreißig Civillisten. Rechnen Sie, was das kostet, und athmen Sie dabei, wenn

Sie können. Und Tausende wandern jährlich nach Amerika
aus, wandern gedankenlos vorüber an einigen und dreißig
duftenden Küchen, und schiffen sich ein, um in einem fremden Welttheile ihren Hunger zu stillen! . . .«

> Mittheilungen aus dem Gebiete der Länder- und
> Völkerkunde von Ludwig Börne. Zweiter Theil.
> Offenbach: Brunet, 1833. S. 30–32. (Gesammelte
> Schriften von Ludwig Börne. Zwölfter Theil.
> Offenbach: Brunet, 1833.)

Materialien

1. Verhöraussagen AUGUST BECKERS über den *Hessischen Landboten* und seine Verfasser

Verhör vom 1. September 1837

»[...] Den Landboten betreffend, so sei es mir erlaubt, den Verfasser desselben, Georg Büchner, in seinen eigenen Worten, deren ich mich noch ziemlich genau erinnere, hier für mich reden zu lassen; dieß kann zugleich dazu dienen, wenigstens eine Seite von Büchner's Charakter kennen zu lernen. – Die Versuche, welche man bis jetzt gemacht hat, um die Verhältnisse Deutschlands umzustoßen, sagte er, beruhen auf einer durchaus knabenhaften Berechnung, indem man, wenn es wirklich zu einem Kampf, auf den man sich doch gefaßt machen mußte, gekommen wäre, den deutschen Regierungen und ihren zahlreichen Armeen nichts hätte entgegen stellen können, als eine handvoll undisciplinirte Liberale. Soll jemals die Revolution auf eine durchgreifende Art ausgeführt werden, so kann und darf das bloß durch die große Masse des Volkes geschehen, durch deren Ueberzahl und Gewicht die Soldaten gleichsam erdrückt werden müssen. Es handelt sich also darum, diese große Masse zu gewinnen, was vor der Hand nur durch Flugschriften geschehen kann.

Die früheren Flugschriften, welche zu diesem Zweck etwa erschienen sind, entsprachen demselben nicht; es war darin die Rede vom Wiener Congreß, Preßfreiheit, Bundestagsordonnanzen u. dgl., lauter Dinge, um welche sich die Bauern (denn an diese, meinte Büchner, müsse man sich vorzüglich wenden) nicht kümmern, so lange sie noch mit ihrer materiellen Noth beschäftigt sind; denn diese Leute haben aus sehr nahe liegenden Ursachen durchaus keinen Sinn für die Ehre und Freiheit ihrer Nation, keinen Begriff

von den Rechten des Menschen u. s. w., sie sind gegen all'
das gleichgültig und in dieser Gleichgültigkeit allein
beruht ihre angebliche Treue gegen die Fürsten und
ihre Theilnahmlosigkeit an dem liberalen Treiben der Zeit;
gleichwohl scheinen sie unzufrieden zu sein und sie haben
Ursache dazu, weil man den dürftigen Gewinn, welchen sie
aus ihrer saueren Arbeit ziehen, und der ihnen zur Verbes-
serung ihrer Lage so nothwendig wäre, als Steuer von ihnen
in Anspruch nimmt. So ist es gekommen, daß man bei aller
parteiischen Vorliebe für sie doch sagen muß, daß sie eine
ziemlich niederträchtige Gesinnung angenommen haben; und daß sie, es ist traurig genug, fast an keiner Seite
mehr zugänglich sind, als gerade am Geldsack. Dieß muß
man benutzen, wenn man sie aus ihrer Erniedrigung her-
vorziehen will; man muß ihnen zeigen und vorrechnen, daß
sie einem Staate angehören, dessen Lasten sie größtentheils
tragen müssen, während andere den Vortheil davon beziehen; – daß man von ihrem Grundeigenthum, das ihnen ohnedem so sauer wird, noch den größten Theil der Steuern
erhebt, – während die Capitalisten leer ausgehen; daß die
Gesetze, welche über ihr Leben und Eigenthum verfügen,
in den Händen des Adels, der Reichen und der Staatsdiener
sich befinden u. s. w., dieses Mittel, die Masse des Volkes zu
gewinnen, muß man, fuhr Büchner fort, benutzen, so
lange es noch Zeit ist. Sollte es den Fürsten einfallen, den
materiellen Zustand des Volkes zu verbessern, sollten sie ihren Hofstaat, der ihnen fast ohnedem unbequem
sein muß, sollten sie die kostspieligen stehenden Heere, die
ihnen unter Umständen entbehrlich sein können, vermin-
dern, sollten sie den künstlichen Organismus der Staatsma-
schine, deren Unterhaltung so große Summen kostet, auf
einfachere Principien zurückführen, dann ist die Sache
der Revolution, wenn sich der Himmel nicht erbarmt, in
Deutschland auf immer verloren. Seht die Oestrei-
cher, sie sind wohlgenährt und zufrieden! Fürst Met-
ternich, der geschickteste unter allen, hat allen revolutio-

Steuereinnehmer und Landleute.
Bleistift- und Federzeichnung von J. Ernst Bieler.

nären Geist, der jemals unter ihnen aufkommen könnte, für immer in ihrem eigenen Fett erstickt. So sind die eigenen Worte des Büchner gewesen.

Die Tendenz der Flugschrift läßt sich hiernach vielleicht dahin aussprechen: sie hatte den Zweck, die materiellen Interessen des Volks mit denen der Revolution zu vereinigen, als dem einzigen möglichen Weg, die letztere zu bewerkstelligen. – Solche Mittel, die Revolution herbeizuführen, hielt Büchner für eben so erlaubt und ehrbar, als alle anderen. Wenigstens sagte er oft, der materielle Druck, unter welchem ein großer Theil Deutschlands liege, sei eben so traurig und schimpflich, als der geistige; und es sei in seinen Augen bei weitem nicht so betrübt, daß dieser oder jener Liberale seine Gedanken nicht drucken lassen dürfe, als daß viele tausend Familien nicht im Stand wären, ihre Kartoffeln zu schmelzen u. s. w.

Ob ich mich hier gleich meistens der Worte Büchner's bedient habe, so dürfte es doch schwer sein, sich einen Begriff von der Lebhaftigkeit, mit welcher er seine Meinungen vortrug, zu machen. [...]

Um noch einmal auf die Flugschrift Büchner's zurückzukommen, so kann ich nicht angeben, ob sie den beabsichtigten Zweck erreicht habe; so viel weiß ich, daß, wie mir Weidig gesagt hat, Professor Jordan sich mißbilligend über dieselbe ausgesprochen; auch Dr. Hundeshagen soll sie, wie ich von Weyprecht erfahren, heftig getadelt haben etc.

In dem oben angegebenen Sinn schrieb Büchner die Flugschrift, welche von Weidig Landbote genannt worden ist etc. Noch muß ich erwähnen, daß Büchner während meiner Abwesenheit einmal bei Weidig gewesen sein muß, um bei demselben eine Statistik vom Großherzogthum, die er bei seiner Arbeit benutzt hat, zu entlehnen; ich weiß wenigstens nicht, wie er sonst dazu gekommen sein soll, denn diese Statistik habe ich Weidig später überschickt. Auch wußte Weidig schon vorher von der Absicht Büchner's, etwas zu schreiben. Diese Schrift wurde durch Clemm und mich an Weidig überbracht. Er machte zum Theil dieselben Einwendungen, die er mir gegen dieselbe gemacht hatte und sagte, daß bei solchen Grundsätzen kein ehrlicher Mann mehr bei uns aushalten werde. (Er meinte damit die Liberalen.) Ich erinnere mich dieser Einzelheiten noch sehr genau; überhaupt war Weidig in Allem der Gegensatz zu Büchner; er (Weidig) hatte den Grundsatz, daß man auch den kleinsten revolutionären Funken sammeln müsse, wenn es dereinst brennen solle; er war unter den Republikanern republikanisch und unter den Constitutionellen constitutionell. – Büchner war sehr unzufrieden mit dieser Bemerkung Weidig's und sagte, es sei keine Kunst, ein ehrlicher Mann zu sein, wenn man täglich Suppe, Gemüse und Fleisch zu essen habe. Indessen konnte Weidig der Flugschrift einen gewissen Grad von Beifall nicht versagen und meinte, sie müsse vortreffliche Dienste thun, wenn sie verändert werde. Dieß zu thun, behielt er sie zurück und gab ihr die Gestalt, in welcher sie später im Druck erschienen ist. Sie unterscheidet sich von dem Originale namentlich dadurch, daß an die Stelle der Reichen, die Vornehmen gesetzt sind und daß das, was gegen die s. g. liberale Partei gesagt war, weggelassen und mit Anderem, was sich bloß auf die Wirksamkeit der constitutionellen Verfassung bezieht, ersetzt worden ist, wodurch denn der Charakter der Schrift noch gehässiger geworden ist. Das ursprüngliche Manuscript hätte man allenfalls als eine schwärmerische, mit Beispielen belegte Predigt gegen den Mammon, wo er sich auch finde, betrachten können, nicht so das Letzte. Die biblischen Stellen so wie überhaupt der Schluß, sind von Weidig. Als Clemm und ich diese Schrift zu Weidig brachten, befand sich dessen Frau krank zu Friedberg. Es mag Anfangs Juni 1834 gewesen sein, als Schütz und Büchner nach Offenbach reisten, um die erwähnte Schrift in Druck zu geben.

Ungefähr einen Monat später gingen Schütz und Minnigerode an denselben Ort, um sie abzuholen. Wer sie gedruckt und wo diese Leute bei dieser Gelegenheit logirt, kann ich nicht angeben. Carl Zeuner hat damals einen Pack von der Flugschrift nach Butzbach gebracht. Ich war gerade in seinem Haus, als er zurückkehrte und ich brachte sie in der Tasche in die Wohnung des Weidig etc.

Vorgelegt wird die Flugschrift, betitelt: ›Der Hessische Landbote. Erste Botschaft. Mit Vorbericht.‹ – Becker erklärte darüber:

Das Manuscript dieser Flugschrift habe ich bei Büchner in's Reine geschrieben, weil seine eigene Hand durchaus unleserlich war. Es ist nachher in die Hände Weidig's gekommen, wie eben gesagt, aus welchen, so viel ich weiß, es Schütz und Büchner empfangen haben, um es in die Druckerei nach Offenbach zu tragen. Ich habe indessen nur das ursprüngliche Manuscript, wie es Büchner geliefert hat, abgeschrieben. Ich kann auch hier noch anführen, daß der Vorbericht ebenfalls von Weidig verfaßt worden ist. Büchner war über die Veränderungen, welche Weidig mit der Schrift vorgenommen hatte, außerordentlich aufgebracht, er wollte sie nicht mehr als die seinige anerkennen und sagte, daß er ihm gerade das, worauf er das meiste Gewicht gelegt habe und wodurch alles andere gleichsam legitimirt werde, durchgestrichen habe etc.

Verhör vom 6. Juli 1837

Zum weiteren Verhör wird August Becker vorgeführt. Derselbe fährt in seiner Erklärung dictirend weiter fort:

Später hat Weidig eine neue Auflage des Landboten besorgen lassen. Ich wußte von dieser Absicht nichts und weiß deßhalb auch nicht anzugeben, wie das Manuscript nach Marburg gekommen ist. Doch war ich gerade in Obergleen um die Zeit, als der Druck fertig sein sollte und ich wurde von Weidig nach Marburg geschickt, um einen Theil der Exemplare zu holen. Ich mußte noch einige Tage darauf warten. Breidenbach hat sie aus der Druckerei geholt und bei Weller sind sie gepackt und am andern Tag durch mich nach Obergleen gebracht worden. Ludwig Becker, damals in Alsfeld, hat einen Theil derselben in dem Haus eines Bauern Namens Seip, in dem eine Viertelstunde von Obergleen entfernten Dorf Heimertshausen, wohin sie durch mich gebracht worden waren, abgeholt, den andern Theil aber hat Weidig, so viel ich weiß, selber nach Alsfeld gebracht. [...]

Verhör vom 1. November 1837

Frage. Der Landbote war seinem Inhalte nach hauptsächlich für's Großherzogthum Hessen bestimmt. Demungeachtet war, wie Sie sich auch selbst schon ausgesprochen haben, der Zweck der Ausbreitung von Flugschriften umfassender. Durch Aufreizung des Volkes in unserem Lande konnte für die gewünschte allgemeine deutsche Freiheit wenig genützt werden; es mußten daher offenbar weitere Mittel in Aussicht genommen worden sein, um jenen Hauptzweck zu erreichen und worin haben dieselben wohl bestanden? – Antw. Büchner, der bei seinem mehrjährigen Aufenthalte in Frankreich das deutsche Volk wenig kannte, wollte, wie er mir oft gesagt hat, sich durch diese Flugschrift überzeugen, in wie weit das deutsche Volk geneigt sei, an einer Revolution Antheil zu nehmen. Er sah indessen ein, daß das gemeine Volk eine Auseinandersetzung seiner Verhältnisse zum deutschen Bund nicht verstehen und einem Aufruf, seine angeborenen Rechte zu erkämpfen, kein Gehör geben werde; im Gegentheil glaubte er, daß es nur dann bewogen werden könne, seine gegenwärtige Lage zu verändern, wenn man ihm seine nahe liegenden Interessen vor Augen lege. Dieß hat Büchner in der Flugschrift gethan.

Er hatte dabei durchaus keinen ausschließlichen Haß gegen die Großherzoglich Hessische Regierung; er meinte im Gegentheil, daß sie eine der besten sei. Er haßte weder die Fürsten, noch die Staatsdiener, sondern nur das monarchische Princip, welches er für die Ursache alles Elends hielt. – Mit der von ihm geschriebenen Flugschrift wollte er vor der Hand nur die Stimmung des Volks und der deutschen Revolutionärs erforschen. Als er später hörte, daß die Bauern die meisten gefundenen Flugschriften auf die Polizei abgeliefert hätten, als er vernahm, daß sich auch die Patrioten gegen seine Flugschrift ausgesprochen, gab er alle seine politischen Hoffnungen in Bezug auf ein Anderswerden auf. Er glaubte nicht, daß durch die constitutionelle landständische Opposition ein wahrhaft freier Zustand in Deutschland herbeigeführt werden könne. Sollte es diesen Leuten gelingen, sagte er oft, die deutschen Regierungen zu stürzen und eine allgemeine Monarchie oder auch Republik einzuführen, so bekommen wir hier einen Geldaristokratismus wie in Frankreich, und lieber soll es bleiben, wie es jetzt ist. Um nun auf die Frage selbst zurückzukommen, muß ich noch bemerken, daß Büchner und seine Freunde in Gießen die Absicht hatten, wenn der Versuch mit dieser ersten Flugschrift gelinge, dahin zu wirken, daß auch in andern Ländern ähnliche Schriften verfaßt würden. Dieß ist aber nicht geschehen, da der Versuch so ungünstig ausgefallen war.

Fr. Theilte Weidig diese Ansichten Büchner's? – Antw. Zum Theil; doch stimmte er in Manchem mit Büchner überein. So erinnere ich mich, daß Büchner einst Streit über Wahlcensus mit ihm hatte. Büchner meinte, in einer gerechten Republik, wie in den meisten nordamerikanischen Staaten, müsse jeder ohne Rücksicht auf Vermögensverhältnisse eine Stimme haben, und behauptete, daß Weidig, welcher glaubte, daß dann eine Pöbelherrschaft, wie in Frankreich, entstehen werde, die Verhältnisse des deutschen Volks und unserer Zeit verkenne.

Büchner äußerte sich einst in Gegenwart des Zeuner sehr heftig über diesen Aristokratismus des Weidig, wie er es nannte, und Zeuner beging dann später die Indiscretion, es dem Weidig wieder zu sagen. Hierdurch entstand ein Streit zwischen Weidig und Büchner, welchen ich beizulegen mich bemühte und welcher die Ursache ist, daß ich diese Einzelheiten behalten habe etc.

Verhör vom 25. Oktober 1837

August Becker wird zum Verhöre vorgeführt und weiter befragt:

Fr. Was gab die Veranlassung zu der am 3. Juli 1834 auf der Badenburg stattgehabten Versammlung? – Antw. Die Mitglieder unserer Gesellschaft stimmten darin mit Weidig überein, daß man gemeinschaftlich handeln müsse, wenn unser politisches Wirken einigen Erfolg haben solle. Büchner meinte, daß man Gesellschaften errichten müsse, Weidig glaubte, daß es schon genüge, wenn man die verschiedenen Patrioten der verschiedenen Gegenden mit einander bekannt mache und durch sie Flugschriften verbreiten lasse. Ueber diesen Punkt wollte man sich auf der Badenburger Versammlung besprechen. Büchner hoffte, auf derselben seine Ansichten bei den Marburgern durchzusetzen. Ich weiß nicht, wie weit ihm dieß gelungen ist. Als ich ihn nach meiner Rückkehr aus dem Hinterland über die Sache sprach, sagte er mir, daß auch die Marburger Leute seien, welche sich durch die französische Revolution, wie Kinder durch ein Ammenmährchen, hätten erschrecken lassen, daß sie in jedem Dorf ein Paris mit einer Guillotine zu sehen fürchteten u. s. w. Es muß demnach auf dieser Versammlung die Rede davon gewesen sein, in welchem Geist die Flugschriften abgefaßt werden müßten, und Büchner, welcher glaubte, daß man sich an die niederen Volksklassen wenden müsse, und der

auf die öffentliche Tugend der s. g. ehrbaren Bürger nicht
viel hielt, muß auf der Badenburg seine Ansichten nicht ge-
billigt gesehen haben, weil er über die Marburger sich so
ungehalten äußerte. [. . .]«

> In: Friedrich Noellner: Actenmäßige Darlegung
> des wegen Hochverraths eingeleiteten gerichtli-
> chen Verfahrens gegen Pfarrer D. Friedrich Lud-
> wig Weidig [. . .]. Darmstadt 1844. S. 420–426.

2. Aus Verhörprotokollen von Verhafteten über Büchner und den *Hessischen Landboten*

Aus dem Verhörprotokoll des Studenten THEODOR SARTO-
RIUS durch Hofgerichtsrat Georgi vor der Untersuchungs-
kommission in Friedberg, 1. Juni 1835

»Ich war mit dem Studenten der Medicin Herrmann Trapp
aus Gießen schon seit längerer Zeit bekannt und im Umgang. Durch seine Vermittlung machte ich im Winter von
1833/34 Bekanntschaft mit dem Studenten der Medicin Georg Büchner von Darmstadt, der mit Trapp zu gleicher Zeit
auf dem Gymnasium gewesen war. Dieser Büchner war längere Zeit in Straßburg gewesen und er hatte sehr revolutionäre Ansichten mit zurückgebracht. In dem ersten Winter
war mein Verkehr mit ihm nur gering, ich ging mehr mit
Carl Schmidt von Gedern, Student der Medicin, meinem
Jugendbekannten um. Nachdem dieser aber im Sommer
1834 von der Universität weg und zu Hause geblieben war,
suchte ich jenen Büch[n]er mehr auf und kam dadurch auch
mit seinem Vertrauten, dem August Becker in häufigere Berührung, den ich zwar schon früher gekannt und im Umgang häufig gesehen hatte.

Dieser Becker sowohl wie jener Büchner huldigten den
republikanischen Grundsätzen. In der Unterhaltung mit

ihnen wurden die Rechte des Menschen, die Staatsformen, mitunter nur in philosophischen Gesprächen wie z. B. die Frage, ob der Staat eine Todesstrafe zu erkennen das Recht habe, verhandelt und besprochen. Sie haben immer davon gesprochen, daß die einfachste und dem Naturgesetz angemessenste Staaten- und Regierungsform die wünschenswertheste sei und als Ideal für diese erkannten sie die Republik und sie erklärten, man müsse darauf hin auch in Deutschland wirken. Durch diese öftere Unterhaltungen, durch diesen Umgang bildeten sich nach und nach dieselben Ansichten zu meiner Ueberzeugung, sie bewirkten, daß ich in die Dinge verwickelt wurde, wegen welcher ich hier vor Gericht stehe.

Die erste gesetzwidrige Handlung, die ich beging, war die, daß ich den Studenten von Stockhausen aus Marburg mit dem Exemplare des Landboten bei mir aufnahm. Ich hatte schon nach den Herbstferien 1834 ein Exemplar des Hessischen Landboten – irre ich nicht, von dem Candidaten We[y]precht erhalten und gelesen, aber nie erfahren, wer der Autor desselben sey. Es kam mir im Anfang vor, als sei diese Flugschrift aus Frankreich gekommen. Ich gründete diese Meinung auf den so sehr revolutionären Inhalt der Schrift. Ich dachte, die darin ausgesprochenen Prinzipien seien wohl aus einer französischen Schrift geschöpft und den hiesigen örtlichen Verhältnissen angepaßt.«

Aus dem Verhörprotokoll Gustav Clemms über den *Hessischen Landboten*. Darmstadt, 9. Oktober 1835

»Er [Eichelberg] will Ihnen weiter vorgestellt haben, eine solche Wirksamkeit, wie sie durch den Landboten geäußert werde, müsse grade die Classe des Volkes, um die es am ersten zu thun, nemlich die Eigenthumsbesitzer und Gewerbetreibenden entfremden, und sie der Parthie, die sie zu bekämpfen gesonnen, in die Arme führen. Blätter, wie der Landbote könnten nur für die Proletärier sein, und deren

bedürfe es nicht, wenn man durch Le[t]ztere eine künstliche
Revolution erregen wolle. Was sagen Sie hierzu?

R.[1] Dem ist Allem nicht so. Wir haben allerdings mit Ver-
wunderung davon gesprochen, daß sich bei Leuten aus der
gebildeten Klasse, und die überdieß zu der liberalen Parthie
gehörten[,] hie und da Mißbilligungen über den Landboten
äußern könnten. Eichelberg hielt dieß für gleichgültig,
grade weil der Landbote für Gebildete nicht, sondern für
die Bauern bestimmt sey, und er sprach selbst von der guten
Wirkung, die der Landbote unter den Curhessischen Bauern der Umgegend schon erzeugt habe. Er meinte, die habe
man schon am Schnürchen.

Qu. 187.

Der Dr. Eichelberg will Ihnen vorgestellt haben, daß solche Blätter nur auf einen Kampf der Armuth gegen den
Reichthum hinarbeiteten, und wenn man geneigt sey, auf
der betretenen Weise fortzufahren, so müße er aller weiteren Thätigkeit entsagen. Wie verhält es sich hiermit?

R. Davon ist allerdings die Rede gewesen, aber in folgen-
der Weise: In dem ersten Concepte zum Landboten war
von dem Kampfe der Armen gegen die Reichen die Rede.
Dieß fanden viele anstößig, namentlich auch Eichelberg und
Dr. Weidig, denn man meinte, dieser Ausdruck werde die
Wirkung stören, weil selbst in jedem Dörfchen der Unterschied zwischen arm und reich bestehe, man müße darum
statt ›Reichen‹ sagen: die ›Vornehmen‹ und dieser Ausdruck
ist, so viel ich mich erinnere auch bei dem spätern Ab-
dru[c]k vorgezogen worden. In diesem und in keinem andern Sinne hat sich Dr. Eichelberg geäußert.«

---

1 »R.« steht für lat. *responsio* ›Antwort‹, »Qu.« für lat. *quaestio* ›Frage‹.
[Anm. d. Hrsg.]

Aus dem Verhörprotokoll GUSTAV CLEMMS über die Badenburger Versammlung. Friedberg, 2. Juni 1835

»Qu. 96.

Der Marburger Bürger, den Sie gleichfalls als in Badenburg anwesend erwähnt haben, soll nach anderen Angaben allerdings ein Hutmacher Namens Kolbe gewesen sein. Wie verhielt sich dieser in der Badenburger Versammlung?

R. O! der war sehr lebhaft! nicht vom Weine, sondern aus Begeisterung und völliger Beistimmung der Vorträge, die Student Büchner hielt. Er fiel diesem mehrmals um den Hal[s] und herzte ihn, er nahm ihn schwebend in die Höhe und trug den Büchner herum mit der Aeußerung: Anders könne es nicht gehn! er habe das Rechte gesagt! Dieser Kolbe schien in das Marburger Treiben ganz eingeweiht zu sein und er erklärte seine Bestimmung zu dem, was in Badenburg verhandelt wurde [. . .].«

Aus dem Verhörprotokoll VALENTIN KALBFLEISCHS aus Butzbach über die Verbreitung des *Hessischen Landboten*. Darmstadt, 5. Mai 1837

»Ich habe schon früher bemerkt, daß, die mit der Verbreitung dieser Schrift verbundene Gefahr angesehen, man zweifelhaft gewesen sey, ob man, zumal da man sie für rechtswidrig und zwecklos mit erkannte, zur Verbreitung dieser Schrift schreiten solle. Während der Zeit dieses Zweifels kam August Becker nach Butzbach, er wußte, daß die Schriften da waren, und ich war eines Sonntags mit ihm bei dem Carl Flach; ich glaube, Carl Braubach war gleichzeitig zugegen. Sonst war wenigstens gewiß Niemand außer den Genannten anwesend. Die Frage über die Verbreitung jener Schrift kam bei diesem Zusammenseyn zur Sprache und man redete darüber hin und her. Be[c]ker drang auf die Verbreitung, oder, um gelind zu reden, er war der Meinung, daß die Schriften verbreitet werden müßten, und als geäußert ward, wie gefährlich dieß sey und wie leicht man auf der That ertappt werden könne, sagte er: ›Ei stecht den todt, der euch aufhält.‹ Ich will gerne glauben, daß Be[c]ker diesen Rath nicht ganz ernstlich gemeint hat. So viel ist gewiß, daß bei der Besprechung über die Vorsichtsmasregeln und über die Verpackung der einzelnen auszustreuenden Exemplarien Be[c]ker rieth, diese mit Umschlägen von dunkelm, von blauem Papier zu versehen, damit, wenn dem nächtlicher Weile Verbreitenden etwa Jemand nachgehe, das Weiße des Papiers nicht so in die Augen falle. An einem späteren Sonntag Abende habe ich mich denn nun, wie ich schon früher erzählt, der Verbreitung jener Landboten in Pohlgöns und Kirchgöns unterzogen.«

Aus dem Verhörprotokoll Gustav Clemms über die Verlesung des *Hessischen Landboten* vor Tagelöhnern. Darmstadt, 13. Juni 1835

»Ich habe zu meinen vorderen Angaben noch nachzutragen und zwar [. . .], daß Carl Zeuner mir nicht lange vor seiner Verhaftung als ich grade in Butzbach war, erzählte, er habe dem Arnold Wendel ein Exemplar des Hessischen Landboten gegeben, der es Dreschern vorgelesen hätte, und es habe auch schon ein Drescher darüber ausgesagt, und daß er glaube, die Übrigen würden sich bewegen lassen, nichts davon auszusagen und selbst einen falschen Eid auf das Nichtwahr zu schwören.«

Zit. nach: Georg Büchner. Leben, Werk, Zeit. Katalog [der] Ausstellung zum 150. Jahrestag des *Hessischen Landboten*. Bearb. von Thomas Michael Mayer. Marburg 1985. ³1987. S. 156–158, 160.

3. Untersuchungsbericht über die Gießener »Gesellschaft der Menschenrechte« sowie über Abfassung und Verbreitung des *Hessischen Landboten*

Verbindungswesen im Jahr 1834, insbesondere unter hiesigen Studierenden und jungen Bürgern. Abfassung und Verbreitung des s. g. Landboten

»Auch die wegen Teilnahme an dem hochverräterischen Komplotte des Jahres 1833 zur Untersuchung und Haft gezogenen Individuen setzten nach ihrer Freilassung im März 1834, im Einverständnis mit Weidig und durch neuen Zuwachs verstärkt, ihre staatsgefährlichen Bestrebungen meist fort und suchten nur um so eifriger ihre Zwecke zu erreichen. Die in dem Gefängnisse verschiedentlich an sie gelangte Aufforderung, standhaft zu sein, die ihnen von Gleichgesinnten zu Teil gewordene Anerkennung ihrer durch Haft und langwierige Untersuchung erprobten Ausdauer und Anhänglichkeit an die vermeintlich gute Sache, die Aussicht auf tiefere Einweihung in die Umtriebe und unmittelbaren Verkehr mit bedeutenderen Männern, welche ihnen eröffnet wurde, der schmeichelhafte Empfang endlich, der für die aus der Haft Entlassenen zu Butzbach und Gießen – an welchem letzteren Orte ihnen zu Ehren ein Nachtessen veranstaltet worden war, dem auch ältere Männer beiwohnten und wobei, neben entsprechenden Toasten, auch die Überreichung von Lorbeerkränzen stattgefunden haben soll – bereitet wurde, – alles dieses verfehlte nicht, die Exaltation der Gemüter zu vermehren und die jungen Leute, wie G. Clemm sagt, in ihren bösen Vorsätzen zu bestärken.

Unter solchen Einflüssen bildeten sich hier zwei neue Verbindungen, von denen die eine im Sinne und Geist der Häupter der Revolutions-Partei das Volk durch aufregende Flugschriften zu bearbeiten und für eine Umwälzung geneigt zu machen suchte, die andere aber eine reine Studenten-Verbindung war, welche das Wiederaufleben der Burschenschaft, als eines revolutionären Klubs, nach Maßgabe der Stuttgarter Burschentags-Beschlüsse vom Dezember 1832, zum Zwecke hatte.

Die erstere, nicht bloß auf Studenten beschränkte, Verbindung zählte außer August Becker – nach Angabe desselben und anderen damit übereinstimmenden Beweisgründen – den Gustav Clemm, Hermann Trapp, Carl Minnigerode, Ludwig Becker, Friedrich Jacob Schütz und Georg Büchner, sodann die Küfermeister G. M. Faber und David Schneider aus Gießen zu Mitgliedern und soll hauptsächlich durch Georg Büchner – welchen August Becker als einen überaus talentvollen Mann und entschiedenen und heftigen Republikaner bezeichnet, dessen politische Gesinnungen teils auf einem gewissen geistigen Stolz, teils auf einem unbegrenzten Mitleiden mit den niederen Volksklassen und ihrer Not beruht hätten, wogegen Carl Zeuner von Büchners »Maratismus« spricht – ins Leben gerufen worden sein. In den politischen Gesprächen nämlich, die zwischen diesem und den Vorgenannten gepflogen wurden, zeigte er, wie A. Becker wörtlich sagt, ›die Torheit der letzten revolutionären Unternehmungen, bei welchen man im Vertrauen auf eine geistig und physisch ohnmächtige liberale Partei durchaus keine Rücksicht auf das Volk genommen habe, welches doch die meiste Ursache habe, eine Veränderung seiner Verhältnisse zu wünschen, und allein die Macht habe, dieselbe zu bewirken. Solle je wieder etwas Ähnliches geschehen, so müsse man sich der Teilnahme des Volkes versichern, und wenn diese nicht zu erlangen sei, die ganze Sache aufgeben. Es sei rühmlicher, in den gegenwärtigen Verhältnissen fortzuleben, als eine Partei zu unterstützen, die bei ihren liberalen Bemühungen nur ihre eignen egoistischen Zwecke im Auge habe und dazu nicht einmal Verstand genug, sie durchzusetzen.‹

Diese Ansichten und Grundsätze, welche Büchner während eines zweijährigen Aufenthaltes zu Straßburg, wo er Medizin studierte, angenommen zu haben scheint, erfreuten sich des Beifalls der anderen und veranlaßten deren Zusammentreten in eine Gesellschaft, welche sich, wie A. Becker sagt, zum Zwecke setzte, Flugschriften von jener Tendenz zu verbreiten und Gleichgesinnte an anderen Orten zu ähnlichen, miteinander in Verbindung treten sollenden, Vereinen zu bestimmen. Die Mitglieder des Vereins hatten bei einzelnen von ihnen Zusammenkünfte, in welchen, nach Clemms Angabe, ›über den politischen Zustand Deutschlands, über die Mittel zu dessen Veränderung, über den nächsten Zweck einer Revolution, sodann im Speziellen über die eigne Tätigkeit und über die Ausdehnung der Gesellschaft‹ gesprochen wurde, welche eine Zeit lang auch den ihr von Büchner beigelegten Namen ›Gesellschaft der Menschenrechte‹ führte, so wie sich Schütz auch mit dem Entwurfe einer Konstitution für sie beschäftigt haben soll. Jene Zusammenkünfte, welche mehr einleitender und vorbereitender Natur gewesen zu sein scheinen, in denen jedoch mitunter sehr gefährliche und überspannte Grundsätze zur Sprache kamen – so soll namentlich David Schneider den Vorschlag gemacht haben, daß jedem Mitglied die Verbindlichkeit auferlegt werde, denjenigen zu ermorden, welcher das von allen anzugelobende Geheimhalten der Verbindung und des darin Verhandelten nicht beobachte – nahmen indessen bald ein Ende, ohne daß jedoch die Verwirklichung der in denselben aufgeregten Ideen aufgegeben worden wäre. Georg Büchner hatte nämlich um die Zeit der Gründung jenes Vereines nach seinen oben angedeuteten Grundsätzen eine Flugschrift abgefaßt, welche wenigstens einem Teile der Gesellschafts-Mitglieder schon im Entwurfe bekannt wurde und von Büchner selbst, in Begleitung des August Becker, der das Büchnerische Manuskript ins Reine geschrieben hatte, nach Butzbach zu Dr. Weidig gebracht worden war, welcher sie zwar in dieser ihrer ursprünglichen Gestalt nicht billigte, ihr jedoch, wie Becker angiebt, einen

gewissen Grad von Beifall nicht versagte, indem er meinte,
daß sie, wenn sie verändert werde, vortreffliche Dienste tun
müsse. Diese Veränderung nahm nun Weidig, wie gesagt
wird, vor; er gab ihr den Vorbericht, fügte meist die Bibelstellen bei, modifizierte einzelne Äußerungen und Sätze,
rundete die Schrift durch einen passenden Schluß ab und
nannte sie ›hessischer Landbote‹. Gegen die Schrift, wie sie
von Büchner abgefaßt war, hatte Weidig besonders einzu-
wenden, daß sie zum Kampfe der *Armen* gegen die *Reichen*
auffordere, was mehr schaden, als nützen könne, weil sich
in jedem Dörfchen diese Gegensätze fänden, weshalb er
auch für jene Worte andere wählte und namentlich statt der
Reichen die ›*Vornehmen*‹ als den Armen und dem Volke ge-
genüberstehend bezeichnete, – so wie ihm auch mißfiel, daß
eine gewisse Art von Liberalismus in derselben gegeißelt
worden war, was, wie Weidig glaubte, ebenfalls Anstoß erregen möchte, indem er bemerkte: man müsse auch den
kleinsten revolutionären Funken sammeln, wenn es dereinst brennen solle – und: bei solchen Grundsätzen (wie sie
sich im Büchnerischen Manuskript fanden) werde kein ehrlicher Mann bei ihnen aushalten. August Becker hat alles
dieses angegeben und Carl Zeuner es, von anderem abgesehen, insoweit bestätigt, als derselbe von Weidig – von welchem Becker bei dieser Gelegenheit sagt, er sei unter den
Republikanern republikanisch und unter den Konstitutionellen konstitutionell gewesen – gehört haben will: der
Landbote sei noch schlimmer projektiert gewesen, er habe
ihn etwas milder abgefaßt; wenn die Schrift etwas taugen
solle, müsse sie gänzlich umgearbeitet werden, was er zu
tun beabsichtige.

    Schütz und Büchner brachten das eine Zeit lang in Butz-
bach aufbewahrte Manuskript zum Landboten nach seiner
Umgestaltung durch Weidig – wie es scheint, im Juni 1834
– nach Offenbach in die Prellersche Druckerei, von wo
Ende Juli die gedruckten Exemplare durch Schütz und Minnigerode, denen sich auf ihren Wunsch noch Carl Zeuner

von Butzbach zugesellte, abgeholt wurden. Ein Teil der Druckschriften war von Zeuner und Minnigerode nach Butzbach und resp. Gießen gebracht worden, mit einem anderen Teile derselben hatte sich Schütz nach Darmstadt begeben, – wo er mit dem Studenten Wiener verkehrt und diesen zur Verbreitung von Landboten in der Umgegend von Darmstadt bestimmt haben soll – hiernächst aber, nachdem Minnigerode mit dem noch bei ihm gefundenen Pack Flugschriften am Tore zu Gießen auf frischer Tat ertappt und verhaftet worden war, sein Heil auf der Flucht gesucht, auf welcher er namentlich bei dem praktischen Arzte Dr. Schmall zu Rödelheim, der, gleich Pfarrer Flick, für die Fluchtbeförderung politischer Verbrecher besonders tätig war, eine Zeit lang verborgen gehalten wurde und auch zu Butzbach vielfache Unterstützung fand, die sogar soweit ging, daß seinetwegen mehrere junge Butzbacher falsche Aussagen vor Gericht ablegten [. . .].

Die Tendenz dieses Landboten – über dessen Umgestaltung Büchner eine Zeit lang mit Weidig grollte, so wie letzterer auch mit des ersteren, nicht selten gegen die Wirklichkeit und Erfahrung anstoßenden, der Pöbelherrschaft allzugünstigen, Ansichten und Grundsätzen nicht ganz übereingestimmt haben soll – spricht sich schon in dessen Motto: ›Friede den Hütten, Krieg den Palästen!‹ aus. [. . .]

Sämtliche Exemplare des Landboten – dessen Inhalt und Sprache übrigens von vielen, solchen Bestrebungen sonst geneigten, Personen mißbilligt worden sein soll* – hatten nach einer Idee Weidigs, wie von verschiedenen Seiten behauptet wird, entweder an einem Tage, oder doch möglichst gleichzeitig, an mehreren Orten des Großherzogtums verbreitet werden sollen, damit die Polizei in ihren Nachforschungen nach den Tätern irre geführt und hierdurch die

---

* So sagt Dr. Bansa: Dr. Hundeshagen habe den hessischen Landboten als die Ausgeburt eines verbrannten Gehirns geschildert und ihn an die Seite der wütendsten Schriften der französischen Schreckenszeit gestellt. [Anm. d. Verf.]

Gefahr vor Entdeckung vermindert werde. Die Verhaftung Minnigerodes hatte aber die Ausführung dieses Planes vereitelt. Ein großer Teil der Landboten fiel dadurch in die Hände der Behörden, ein anderer Teil scheint in Butzbach aus Besorgnis vor einer bevorstehenden Untersuchung vernichtet worden zu sein. Indessen war auch dem Dr. Schmall zu Rödelheim (wie dieser behauptet, von Buchhändler Meidinger) eine Quantität Landboten zugekommen und von demselben weiter nach Friedberg befördert worden. Von da wurden sie nach Butzbach abgeholt, wo sich noch eine kleine Zahl unvernichtet gebliebener Exemplare befand, die dann, mit jenen vereinigt, in Butzbach und den nächstgelegenen Ortschaften durch junge Leute aus dieser Stadt bei Nachtzeit ausgeworfen, zum Teil aber auch nach Gießen zu Kandidat Weyprecht gebracht wurden, der sie hier und in der Umgegend durch junge Bürger verbreiten ließ. [. . .]«

> Aus: [Martin Schäffer:] Vortrag in Untersuchungs-Sachen wider die Teilnehmer an revolutionären Umtrieben in der Provinz Oberhessen. § 13. [Gießen 1837/38.] Zit. in: Untersuchungsberichte zur republikanischen Bewegung in Hessen 1831–1834. Hrsg. von Reinhard Görisch und Thomas Michael Mayer. Frankfurt a. M. 1982. S. 331–337.

4. Bericht über die Darmstädter Sektion der »Gesellschaft der Menschenrechte«, aus dem »Periodischen Übersichtsbericht der Bundes-Zentralbehörde« in Frankfurt a. M. vom 31. 1. 1842

»[. . .] Die eine dieser Untersuchungen ist wider die Mitglieder einer, im Jahre 1834 durch einen nachmals in Frankreich verstorbenen Studenten, Georg Büchner zu Darmstadt, gegründeten geheimen politischen Verbindung, welche sich ›die Gesellschaft der Menschenrechte‹ nannte, gerichtet. Der als Theilnehmer an dem Bunde der Geächteten zu

Darmstadt in Haft und Untersuchung stehende Bäcker
Adam Koch, welcher im Jahre 1832 zu Gießen studirte,
und daher mit mehreren, später in politische Umtriebe ver-
flochtenen Studenten bekannt war, ging in seinen ausführli-
chen Bekenntnissen über den Bund der Geächteten und
dessen Gedeihen in Darmstadt auf die früheren politischen
Umtriebe daselbst zurück und gab auf diese Weise die erste
Kunde von jener Büchnerischen Verbindung, so wie überhaupt die erheblichsten Aufschlüsse über dieselbe; von den
durch ihn namhaft gemachten Mitgliedern derselben waren
mehrere bereits in früheren Jahren landesflüchtig geworden,
andere waren, so wie Adam Koch selbst, später in den
Bund der Geächteten eingetreten, und nur zwei darunter
wurden Gegenstand jener selbstständigen Untersuchung
wegen Theilnahme an der Gesellschaft der Menschenrechte,
nämlich der Kalbsmetzger Johann Georg Müller und der
Schmidmeister Wilhelm Wetzel. Der Stifter dieser Verbindung, Georg Büchner, welcher früher Mitglied der Gesellschaft der Menschenrechte zu Straßburg gewesen seyn und
dort deren Grundsätze eingesogen haben soll, wird durch
Adam Koch als ein Mann von überwiegendem Geiste und
einer hinreißenden Beredsamkeit geschildert: er betrachtete
eine republikanische Verfassung als die einzige, der Würde
des Menschen angemessene, und stiftete deßhalb eine Verbindung, welche mit der Zeit die Herstellung einer Republik herbeiführen sollte; als Mittel zur Erreichung dieses
Zwecks bezeichnete er die Verbreitung von in diesem Sinne
verfaßten Flugschriften und die durch diese zu erreichende
Einwirkung auf die niederen Volksclassen, indem er der
Ansicht war, das materielle Elend des Volks sey es, wo man
den revolutionären Hebel der geheimen Presse ansetzen
müsse; die aus ihr hervorgegangenen Flugschriften müßten
ihre Ueberzeugungsgründe aus der Religion des Volks hernehmen, in den einfachen Bildern und Wendungen des
neuen Testaments müsse man die heiligen Rechte der Menschen erklären. Diese Ideen veranlaßten das Erscheinen der

Flugschrift ›der Hessische Landbote‹ (bei deren Abfassung
Büchner, bei deren Redaction und Verbreitung der Rector
Weidig in Butzbach und der Apotheker Trapp in Friedberg, so wie der Buchhändler Preller in Offenbach und
mehrere Andere betheiligt waren), und den später gefaßten,
aber nicht realisirten Plan zur Anschaffung einer Handpresse. Die einzelnen Mitglieder der von Büchner gestifte-
ten Gesellschaft verpflichteten sich, neue Mitglieder zu wer-
ben; die Gesellschaft sollte aus Sectionen zusammengesetzt
werden, davon eine jede zwölf Mitglieder zähle; einer Sec-
tion sollten die übrigen das Präsidium und die Leitung der
Geschäfte übertragen; ehe jedoch die Gesellschaft so weit
sich ausgebildet hatte, löste sie sich schon wieder auf. Als
Adam Koch im Monat September 1834 durch Büchner in
diese Gesellschaft aufgenommen wurde, zählte dieselbe folgende Mitglieder: 1) Büchner, 2) Wiener, 3) Kahlert, 4)
Nivergelder, 5) Jakob Koch (älterer Bruder des Adam
Koch) – welche sämmtlich zu Gießen studirt hatten –, 6)
Kalbsmetzger Müller, 7) Schmidmeister Wetzel. Sie hielt
ihre Versammlungen in einem Gartenhause des etc. Wetzel
am großen Wooge: dort erfolgte auch die Aufnahme des
Adam Koch, welche Büchner selbst ohne weitere Förm-
lichkeiten vollzog, indem er ihm die Erklärung der Menschenrechte vorlas, angeblich wie sie sich in geschichtlichen
Werken über die französische Revolution vorfindet und in
13 oder 14 Artikeln abgefaßt, von denen der letzte dahin
gelautet habe, ›wer sich der Ausübung dieser Rechte wider-
setzt, übt einen Zwang aus und jedes Mitglied der Gesellschaft verpflichtet sich, alle seine Kräfte an Beseitigung dieses Zwanges zu setzen.‹ Diese Artikel, deren Tendenz auf
Herbeiführung einer völligen Gleichstellung Aller gerichtet
gewesen seyn soll, sieht Adam Koch als die Statuten der
Gesellschaft an, erwähnt aber überdieß eines von Büchner
selbst verfaßten Aufsatzes, in welchen derselbe seine
Grundsätze niedergelegt hatte, und welcher als Constitu-
tion der Gesellschaft gelten sollte. Dieser Aufsatz verblieb,

als später Büchner flüchtig geworden war, in den Händen des Adam Koch, welcher sich dessen auch zur Belehrung der Mitglieder des Bundes der Geächteten bediente und ihn, als er in die Gefahr von Haft und Untersuchung gerieth, verbrannt haben will, dergestalt, daß derselbe nicht mehr herbeizuschaffen gewesen ist. Nach Aufnahme des Adam Koch in die Büchner'sche Verbindung, hielt diese noch etwa vier oder fünf Versammlungen bis gegen Ende Octobers 1834, und in dieser Zeit wurden noch der Geometer Möser und der Bleichgärtnergehülfe Daniel Mahr durch Büchner der Verbindung zugeführt. Dann geriethen die Versammlungen in's Stocken, weil von Seiten der Behörden im Großherzogthum Einschreitungen wider verschiedene Theilnehmer an revolutionären Umtrieben erfolgten, welche sich zum Theil auch auf Büchner und Nievergelder erstreckten, und den erstern veranlaßten, im Laufe des Jahrs 1835 nach Frankreich zu entfliehen, wohin sich schon die mehrsten seiner Bekannten begeben hatten. Wenn gleich Adam Koch im Sommer 1835 noch eine Versammlung der noch übrig gebliebenen wenigen Mitglieder der Gesellschaft der Menschenrechte im Wetzel'schen Garten veranlaßte, in welcher selbst noch die Aufnahme eines neuen Mitglieds, nämlich des Geometers Daniel Heß, den Büchner schon vorgeschlagen hatte, statt fand, so hatte doch diese Verbindung mit dem Ausscheiden des Büchner selbst ihre Seele verloren und hörte allmählig auf zu bestehen, ohne förmlich aufgehoben worden zu seyn. [...]«

Hessisches Staatsarchiv Darmstadt, G 2, Nr. 529/8.

Dokumente und Kommentare
zur Wirkungsgeschichte

»Der *Hessische Landbote* wird fast regelmäßig aufgelegt, wo gesellschaftliche Umwälzungen vor sich gehen oder gewünscht werden« (Jancke, 1975, S. 78). Belege für dieses auffällige Merkmal der *Landboten*-Rezeption sind die Einzelausgaben des HL von Kurt Pinthus, Fritz Bergemann, Hans Magnus Enzensberger und Peter-Paul Zahl (vgl. Literaturhinweise unter II.2.), die nach dem Ersten (Pinthus, 1919) und Zweiten Weltkrieg (Bergemann, 1947) und im Umfeld der Studentenrevolte von 1968 (Enzensberger, 1965; Zahl, um 1968) erschienen sind, an Wendepunkten, in Umbruchs- und Aufbruchszeiten also deutscher Geschichte. Umgekehrt verhält es sich in Zeiten politischer und sozialer Stagnation und Reaktion sowie zu Zeiten totalitärer Regime wie desjenigen des Nationalsozialismus. In solchen Zeitläuften erlahmte noch immer das Interesse am *Landboten*, ging die Zahl seiner Neuausgaben spürbar zurück, schrumpfte auch die Sekundärliteratur zum HL merklich, was sich deutlich an der *Landboten*-Rezeption in der restaurativen Adenauer-Ära (1949–63) ablesen läßt. Daß in der Zeit des Nationalsozialismus (1933–45) die Büchner-Rezeption im allgemeinen und die *Landboten*-Rezeption im besonderen einen Tiefstand erreichte, kann bei der sozialrevolutionären Tendenz der Flugschrift und dem sozialpolitischen Engagement ihres Verfassers nicht wundernehmen (zur Büchner- und *Landboten*-Rezeption in der NS-Zeit s. S. 141–144).

Rezeption in der Zeit von 1839/44 bis 1896

Die postume Wirkungsgeschichte des HL und des Sozialrevolutionärs Büchner beginnt seit 1839 mit einer »Reihe von Abschlußberichten der politischen Untersuchungsinstanzen, die sogar in den Buchhandel kamen und vielfach auszugsweise nachgedruckt wurden« (Hauschild, 1993, S. 413). Erwähnenswert ist hier vor allem Friedrich Noellners 1844 erschienene *Actenmäßige Darlegung des wegen Hochverraths eingeleiteten gerichtlichen Verfahrens gegen Pfarrer D. Friedrich Ludwig Weidig,* die »über drei Seiten hinweg längere Auszüge« aus dem HL bringt, »was die Rezeptionsbasis nicht unbeträchtlich erweiterte. Dies hat denn auch Wilhelm Schulz 1845 spöttisch als das bei weitem ›Interessanteste‹ an Noellners Darstellung vermerkt.« (Hauschild, 1993, S. 414)

LUDWIG BÜCHNER (1824–99) hat dann 1850 in den von ihm herausgegebenen *Nachgelassenen Schriften* seines Bruders Georg (S. 295–302) den ersten Teildruck des HL unter dem politisch unverfänglichen Titel *Der . . .sche Landbote. Erste Botschaft* vorgelegt, wobei er den Text der Flugschrift, unter Auslassung aller Personen- und Ortsnamen, um mehr als die Hälfte zusammenstrich. Nach der gescheiterten Revolution von 1848/49 sah sich Ludwig Büchner im ersten Jahr der Reaktion (1850) gezwungen, den *Landboten* seines Bruders, der »mehr eine Predigt für die Armen und gegen die Reichen, als eine politische Flugschrift« sei (S. 48), zu entschärfen und zu entpolitisieren. Ohne jedoch die auch um 1850 noch vorhandene politische Sprengkraft der Flugschrift gänzlich zu verharmlosen, beschreibt Ludwig Büchner die Bearbeitungstendenz seines korrumpierten Teildrucks wie folgt: »Von dem Landboten konnten wir nur den kleinsten Theil wiedergeben; Vieles darin bezog sich auf ehemalige specielle Landesverhältnisse, Anderes würde noch heutzutage Staatsverbrechen involviren. Die gegebenen Stellen mögen zur Beurtheilung des Ganzen hinreichen,

dessen Hauptwerth ein historischer ist. –« (S. 50) Folgen-
reich an dem Georg-Büchner-Bild Ludwig Büchners ist dessen summierende Einschätzung des *Landboten*-Verfassers,
der – was »seinen politischen Charakter« angehe – »noch
mehr Socialist, als Republikaner« gewesen sei (S. 48).

Nach dem ersten Teildruck von 1850 dauerte es noch 27
Jahre, ehe 1877 (in der *Frankfurter Zeitung*, Nr. 321 und
322, vom 17. und 18. November 1877) der erste *vollständige*
Neudruck des *Landboten* erschien. Herausgeber dieses
Neudrucks war der für die Büchner-Rezeption der Sozialdemokratie, des Naturalismus und noch des Expressionismus kaum zu überschätzende Journalist, Reiseschriftsteller,
Erzähler und Romancier KARL EMIL FRANZOS (1848 bis
1904), der drei Jahre später, 1880, *Georg Büchner's Sämmt-
liche Werke* (Frankfurt a. M. 1879) edierte, unter ihnen
– erstmals in einer Büchner-Ausgabe – das Trauerspielfrag-
ment *Woyzeck* und (gegen verlegerische Bedenken) den vol-
len Wortlaut des HL. In seiner Einleitung zum Zeitungs-
Neudruck von 1877 qualifiziert Franzos den *Landboten* als
»ein werthvolles, bedeutungsschweres Dokument zur politischen Geschichte Deutschlands«, als »die erste sozialisti-
sche Broschüre in Deutschland«, als den »Vorboten einer
Bewegung [gemeint ist die sozialdemokratische], deren
Wichtigkeit heute Niemand mehr bestreitet, deren Trag-
weite Niemand ermißt«. Die Flugschrift sei »nicht blos
durch ihre Folgen, nicht blos durch die Person des Verfassers, nicht blos durch ihre historische Bedeutung bemer-
kenswerth, sondern noch mehr durch ihren Inhalt«. Büchner habe mit seiner Flugschrift »einen Platz in der politischen Geschichte Deutschlands verdient, weil er zuerst in
unklare Strebungen ein fast grausam klares Licht, in ›allgemeine demokratische‹ Strebungen zuerst ein neues, das so-
zialistische Element« gebracht habe. Auf die Frage, »ob
die Sozial-Demokraten von heute ein Recht« darauf hätten,
»Georg Büchner den ihrigen zu nennen«, geht Franzos in
der Einleitung von 1877 nicht näher, in seinem großen

Büchner-Porträt zu seiner Ausgabe von Büchners *Sämmt-lichen Werken* von 1880 dagegen ausführlich ein (vgl. S. CXXIII f.), um hier die Frage negativ zu beantworten: die Sozialdemokraten hätten hierzu bloß »ein unbegründetes und lediglich äußerliches« Recht (S. CXXIII). Gleichwohl betont Franzos ansonsten immer wieder die »social-de-mokratische« Tendenz der Flugschrift (vgl. S. CXV ff.) und hebt er wiederholt hervor, daß Büchner »wirklich Socialist aus Ueberzeugung« gewesen sei (S. CXXI f.), wo-mit er die schon von Ludwig Büchner vorgenommene Tra-ditionszuweisung aufgreift.

Für die Büchner- und *Landboten*-Rezeption der Sozial-demokratie im letzten Viertel des 19. Jahrhunderts sind eine Artikel-Serie über Büchner in der von Wilhelm Liebknecht redigierten *Neuen Welt* vom Januar/Februar 1876 (Jg. 1, H. 1–5, 7 und 8) sowie ein von dem Pseudonymus ›Tri-stram‹ verfaßter Zeitungsartikel »Ein Dichter und Revolu-tionär der dreißiger Jahre« in der Beilage der sozialdemo-kratischen *Leipziger Volkszeitung* vom 3. Juli 1895 (Nr. 151) von Belang.

Die in der auflagenstarken *Neuen Welt* publizierte, von Wilhelm Liebknecht bearbeitete Biographie Büchners ba-siert weitgehend auf der von Ludwig Büchner verfaßten biographischen Einleitung zu den *Nachgelassenen Schriften* seines Bruders Georg (1850). Liebknecht schließt sich vor-behaltlos der resümierenden Einschätzung Ludwig Büch-ners an, wonach Georg Büchner »noch mehr Socialist, als Republikaner« gewesen sei; er stellt Büchner »eindeuti-ger in die Tradition der Französischen Revolution«, er »trennt ihn zugleich vom Jungen Deutschland« und »ver-schärft die Angriffe auf Liberale wie Heinrich von Gagern oder Sylvester Jordan« (Dedner, 1990, S. 57). Erschienen im meistverbreiteten Organ der 1869 gegründeten Sozialdemo-kratischen Arbeiterpartei – die *Neue Welt* sollte »als soziali-stisches Familienblatt ein Gegengewicht zur bürgerlichen *Gartenlaube* bilden« (Hauschild, 1985, S. 281) –, dient die in der *Neuen Welt* abgedruckte Büchner-Biographie der Popularisierung des *Landboten*-Verfassers in der Sozialdemokratie, der Etablierung eines sozialdemokratischen Büchner-Bildes.

Eine überschwengliche Eloge auf Büchner ist der Artikel des pseudonymen Verfassers ›Tristram‹ in der – nach Franz Mehring das »Ideal einer sozialdemokratischen Tageszeitung« darstellenden – *Leipziger Volkszeitung* vom 3. Juli 1895. »Sturmglocke der Revolution«, »dichterisches Genie«, »überzeugter Republikaner und Socialist«, »geborener Dramatiker«, »glühender Freiheitskämpfer«, »beredter Anwalt der Enterbten und Unterdrückten«, »weitschauender Politiker« (vgl. Hauschild, 1985, S. 287) – dies sind nur einige der enthusiastischen Werturteile über Büchner. Wie Liebknecht attackiert ›Tristram‹ den Liberalismus der Vormärzzeit und der Märzrevolution, und wie Franzos bezeichnet er den HL, an dem er »das agitatorische Geschick des jungen Revolutionärs« lobt, als »die erste socialistische Flugschrift Deutschlands.«

Ein Jahr nach dem Büchner-Artikel von ›Tristram‹, 1896, gab der damalige sozialdemokratische Landtagsabgeordnete Hessens und spätere Minister und Reichstagsabgeordnete EDUARD DAVID (1863–1930) die erste selbständige Einzelausgabe des *Landboten* zusammen mit einer umfangreichen Studie über Büchners *Leben und politisches Wirken* heraus, und zwar als Heft 10 der von Eduard Fuchs edierten, SPD-nahen Schriftenreihe *Sammlung gesellschaftswissenschaftlicher Aufsätze.* Davids Verdienst besteht nicht nur darin, die erste Einzelausgabe des HL vorgelegt und erstmals eine typographische Unterscheidung der mutmaßlichen Büchner- und Weidig-Anteile am Text des *Landboten* vorgenommen zu haben, sondern auch darin, »wenigstens in einigen Punkten bisherige Annahmen korrigiert« (Dedner, 1990, S. 45 f.) und »die Diskussion über die politische Affiliation Büchners« (Dedner, 1990, S. 73) zum französischen Frühsozialismus vorangetrieben zu haben. Provoziert durch den

dem *Landboten* von Franzos und ›Tristram‹ verliehenen
Ehrentitel, die »erste socialistische Flugschrift«
Deutschlands zu sein, setzt sich David in seiner biographi-
schen Studie mit dem Fragenkomplex auseinander, ob der
HL eine »socialistische Schrift« (David, S. 51) und ob
»Büchner überhaupt Socialist« (S. 54) gewesen sei. Die
Argumente, die David gegen eine solche Qualifizierung und
Traditionszuweisung anführt, sind vor allem folgende:

»Es muß zugegeben werden, daß die Idee, der Masse ihre
leibliche und geistige Nothlage zum Bewußtsein zu bringen, an dem Gegensatz zwischen Arm und Reich das Klas-
sengefühl emporlodern zu machen und mit dem Hebel des
socialen Elends die Grundfesten der herrschenden politischen Macht zu erschüttern, sich mit dem Charakter einer
socialistischen Schrift wohl verträgt. Auch ist die von
Büchner im Landboten zur Geltung gebrachte Methode,
die nüchternen Zahlen der Statistik zur klaren und wirk-
samen Zeichnung socialökonomischer und politischer Verhältnisse zu benutzen, eine in der socialistischen Litteratur
besonders beliebte und meisterhaft gehandhabte Darstel-
lungsart. Allein das alles reicht doch noch nicht aus, um eine
Schrift zu einer socialistischen zu machen, denn das alles ist
nichts specifisch Socialistisches. Der Socialismus ist eine
bestimmte, kritische Auffassung von den Zusammenhängen
des wirthschaftlichen und des socialen Lebens; dementspre-
chend arbeitet er in seinen positiven Zielen auf eine bestimmte Gestaltung der menschlichen Produktionsthätig-
keit hin. Nach beiden Seiten hin, nach der kritischen sowohl
wie nach der positiven Seite des Socialismus, läßt uns der
Landbote völlig im Stich.

Es fehlt auch die leiseste Spur eines Versuches, die Nothlage des hessischen Landvolks oder des arbeitenden Volkes
überhaupt aus wirthschaftlichen Zusammenhängen heraus zu erklären. Wer ist schuld an dem Elend der Bauern?
– Die Reichen, die Vornehmen, die Fürsten, antwortet der

Landbote. Inwiefern sind sie schuld? – Sie pressen vermittels der gesetzgebenden und verwaltenden Staatsgewalt, die in ihren Händen ist, Steuern, unerträglich hohe Steuern aus dem Bauern, sagt der Landbote weiter. Davon aber, worauf eigentlich die politische Macht der Herrschenden begründet sei, von ihrer wirthschaftlichen Machtstellung als Besitzer von Kapital oder von kapitalistischen Produktionsmitteln, sagt er uns kein Wort.

Die direkte und indirekte Ausbeutung der Besitzlosen durch Lohn- oder Zinssklaverei bleibt unaufgedeckt. Die Steuersklaverei erscheint als die einzige große Wurzel alles Uebels.

[...] Mit dem Gegensatz zwischen Reich und Arm wird überall operiert, aber seine ursächliche Verankerung in der herrschenden Form des Wirthschaftslebens und die Möglichkeit seiner Beseitigung durch Herbeiführung einer veränderten Wirthschaftsordnung bleibt gänzlich außer Betracht. Das aber erst würde der Schrift den Anspruch geben, als die ›erste socialistische Flugschrift‹ in Deutschland zu gelten.« (S. 52 f.)

»Sociales Mitleid und der Glaube an die allgemeine Vervollkommnungsmöglichkeit sind es, die den Idealisten mit Besitz und Bildung zur Schwelle des Socialismus geleiten. Sie haben auch Georg Büchner bis zu der Schwelle des Tempels geleitet: aber hineingetreten ist er nicht! [...] Die Thatsache allein, daß Büchner sich an die bäuerliche Bevölkerung wandte, genügt, um darzuthun, daß er kein Socialist war.« (S. 60)

»Zwischen der feudalen Monarchie und der parlamentarischen Plutokratie gab es in der That keinen Ausweg, wenn man nicht die wirthschaftliche Grundlage der Gesellschaft ändern wollte.« (David, S. 63.) Büchners resignierte Äußerung gegenüber Becker: »lieber soll es bleiben, wie es jetzt ist« (Noellner, 1844, S. 425), zeigt nach David »hinlänglich, daß B ü c h n e r eine solche [veränderte wirthschaftliche Grundlage der Gesellschaft] nicht im Auge hatte. Er glaubte an die Möglichkeit einer bürgerlich-demokratischen Republik, als Lösung der socialen Noth, an einen bürgerlichen Volksstaat, in welchem der Besitz keine Machtvorrechte hat, an politische Freiheit bei wirthschaftlicher Knechtung; *den* Glauben hätte er als Socialist, auch als u t o p i s t i s c h e r Socialist, nicht haben können.« (S. 63) – Davids Fazit: »Zehn Jahre nach seinem [Büchners] Tode verkündeten die Trompetenstöße des kommunistischen Manifests das Anbrechen des bewußten proletarischen Klassenkampfes in Deutschland. Es war G e o r g B ü c h n e r nicht vergönnt, ein Vorkämpfer in unserer Bewegung zu sein. E h r e n w i r i n i h m e i n e n V o r l ä u f e r d e r s e l b e n !« (S. 74)

Wenn man auch die von Wilhelm Liebknecht und ›Tristram‹ vorgenommene Vereinnahmung Büchners für die Sozialdemokratie als forcierte Aneignung betrachten muß, so kann man doch der These Helmut Schanzes zustimmen, daß Büchners Werk und besonders der HL im letzten Viertel des 19. Jahrhunderts »zu einem frühsozialistischen Lektürekanon«[1] gehörte. Ob der *Landbote* jedoch gegen Ende des 19. Jahrhunderts tatsächlich so etwas wie die ›Hausbibel‹ (»household book«) der deutschen sozialistischen Bewegung gewesen ist, wie E. F. Hauch behauptet[2], sei solange dahingestellt, bis dafür überzeugende Belege angeführt werden. Nach der Auffassung von Jürgen Kuczynski, der »aufgrund seiner Kenntnis von mehreren Tausend Autobiographien aus dem 19. und 20. Jahrhundert« urteilt, gehörte Büchner »nicht zur ›Alltagslektüre der Deutschen‹, auch

---

1 Helmut Schanze, »Büchners Spätrezeption. Zum Problem des ›modernen‹ Dramas in der zweiten Hälfte des 19. Jahrhunderts«, in: *Gestaltungsgeschichte und Gesellschaftsgeschichte. Literatur-, kunst- und musikwissenschaftliche Studien*, hrsg. von Helmut Kreuzer, Fritz Martini zum 60. Geburtstag, Stuttgart 1969, S. 341 f.

2 »The Reviviscence of Georg Büchner«, in: *Publications of the Modern Language Association of America* 44 (1929) S. 897.

keineswegs etwa der Arbeiterklasse« (zit. nach: Hauschild, 1985, S. 279).[3]

Im Gefolge des ersten größeren, durch die Büchner-Ausgabe von Franzos (1880) ausgelösten Rezeptionsschubes in den 1880er Jahren begann 1889 die *internationale* Wirkungsgeschichte des HL, und zwar mit der Übertragung dreier Büchnerscher Werke – darunter der des *Landboten* – ins Französische durch Auguste Dietrich (Paris 1889). Seitdem ist der HL in viele Sprachen übersetzt worden, und so ist es wohl nicht zu hoch gegriffen, wenn Hauschild (1993, S. 416) vermutet: »Von allen deutschsprachigen politischen Flugschriften dürfte nur das *Kommunistische Manifest* häufiger übersetzt und stärker verbreitet worden sein« als der HL.

Rezeption in der Zeit von 1913 bis 1933

Auch vom nächsten Rezeptionsschub, der sich fast zwangsläufig aus Anlaß des 100. Geburtstages von Büchner am 17. Oktober 1913 ergab und eine Fülle von publizistischen Gedenkartikeln zum Säkulartag seiner Geburt hervorbrachte, hat die Wirkungsgeschichte des *Landboten* profitiert. Erwähnens- und zitierenswert in diesem Zusammenhang ist der mit längeren Auszügen aus Büchners Werken (*Dantons Tod*, *Woyzeck*, *Der Hessische Landbote*) und Briefen versehene Gedenkartikel von WILHELM HAUSENSTEIN (1882–1957), der im Oktober 1913 in der von der Freien Volksbühne herausgegebenen Zeitschrift *Der Strom* (3. Jg., Nr. 7, S. 193–223) erschienen ist. Der 1907 in die Sozialdemokratische Partei eingetretene, von 1909 bis 1915 als Redakteur der *Sozialistischen Monatshefte* und als Mitarbeiter am Feuilleton von Karl Kautskys *Die Neue Zeit* be-

3 Zum Verhältnis ›Büchner und die Sozialdemokratie‹ vgl. Hauschild (1985, S. 279–288) und Dedner (1990, S. 57 f., 71–73).

schäftigte Kunsthistoriker und Kunstschriftsteller Hausenstein bedauert in seinem Artikel, daß Büchner »leider (und besonders auch den Arbeitern) viel zu wenig bekannt« sei, er konstatiert, daß »Werke wie die Büchners« ganz von selbst »dem Sozialismus als Erbe« zufielen, und er feiert den HL enthusiastisch als »eine Schrift der revolutionären Propaganda, die sich mit einer tollen Gewalt des Ausdrucks, mit einer politischen Beredsamkeit, wie sie sonst bloß Mirabeau und Danton und Marat besessen haben mögen, gegen die Throne und gegen die Reichen« wende (S. 193 f.). Unter den auszugsweise abgedruckten Werken Büchners veröffentlicht Hausenstein in seinem Artikel auch den HL (S. 212–218), der durch die Eingriffe von »Büchners Mitredaktor« Weidig »nur in einer arg verstümmelten Form« vorliege und den Hausenstein daher »fragmentarisch« wiedergibt, indem er ihn »auf Büchners alleinige authentische Leistung« zurückführt (S. 212). Bei der Rekonstruktion des mutmaßlich Büchnerschen *Landboten*-Textes hält sich Hausenstein weitgehend an die Textpassagen, die Eduard David in seiner Ausgabe von 1896 Büchner zugeschrieben hat. (In der Geschichte der *Landboten*-Editionen hat außer Hausenstein nur noch Adam Kuckhoff in seiner Büchner-Ausgabe von 1927 [Büchner, *Werke*, eingeleitet und hrsg. von Adam Kuckhoff, Berlin 1927, S. 193–198] einen *Landboten*-Text vorgelegt, der »nur die ganz zweifelsfrei von Büchner stammenden Teile« [S. 277] wiedergibt.«)

In seinem ebenfalls im Oktober 1913 publizierten Essay über »Georg Büchner. Zum Säkulartag seiner Geburt« (in: *Die Weißen Blätter*, 1. Jg., Nr. 2, Oktober 1913, S. 134–151) geht Hausenstein nur kurz auf den HL ein, den er als »eine Agitationsschrift« bezeichnet, »deren dichterische Größe bei allen Ziffern und Tatsachen, die sich ihr mühelos eingliedern, an das Pathos des alten Testaments gemahnt« (S. 149). Und in der Einleitung zu seiner Ausgabe *Georg Büchners Gesammelte Werke nebst einer Auswahl seiner Briefe* (Leipzig: Insel-Verlag, [1916]) steigert Hausenstein sein Lob der

Flugschrift, indem er sie in einer kaum zu überbietenden superlativischen Formulierung als »die eminenteste revolutionäre Agitationsschrift« qualifiziert, »die überhaupt jemals geschrieben wurde« (S. XX).

Ein interessantes, von der Forschung bisher nicht beachtetes Dokument der Wirkungsgeschichte des HL ist der ungekürzte Abdruck des *Landboten* im *Almanach der Neuen Jugend auf das Jahr 1917* (Berlin [1916], S. 146–159), der von Heinz Barger und Wieland Herzfelde herausgegeben und – kaum im Handel – sofort verboten wurde. Die Veröffentlichung des HL mitten im Ersten Weltkrieg geht höchstwahrscheinlich auf Initiative des ›linken‹ Verlegers und Schriftstellers WIELAND HERZFELDE (1896–1988) zurück; sie ist als Vorbote und Auftakt der heftigen *Landboten*-Rezeption kurz nach dem Ende des Ersten Weltkriegs zu betrachten; und sie deutet darauf hin, daß man sich in oppositionellen, kriegsfeindlichen Kreisen – zu den Mitarbeitern der Zeitschrift *Neue Jugend* gehörten unter anderen George Grosz, John Heartfield, Franz Jung und Johannes R. Becher – schon während des Weltkriegs Hoffnungen auf revolutionäre Veränderung gemacht hat.

Das Ende des Ersten Weltkriegs nährte solche Hoffnungen auf »gesellschaftliche Umwälzungen« (Jancke, 1975, S. 78), und so ist es nach der eingangs zitierten Beobachtung Janckes kein Wunder, daß der HL seit Anfang 1919 für einige Zeit auf reges publizistisches Interesse stieß und auch wieder in einer Einzelausgabe aufgelegt wurde. Günstig für einen erneuten Rezeptionsschub in der Wirkungsgeschichte des HL war weiterhin der Umstand, daß »die russische Revolution von 1917 und die deutsche von 1918/19 den *Hessischen Landboten* und *Dantons Tod* wieder in den Erfahrungskreis deutscher Intellektueller« rückten (Dedner, 1990, S. 85).

Zwei Monate nach der November-Revolution in Kiel und Berlin, im Januar 1919, druckte CARLO MIERENDORFF (1897–1943) im ersten Heft seiner Darmstädter Expressio-

nisten-Zeitschrift *Das Tribunal* (1. Jg., H. 1, S. 9) längere
Passagen aus dem HL ab, wobei er in einer Vorbemerkung
unmißverständlich auf dessen anhaltende Aktualität hin-
wies: »Es sind 84 und ein halbes Jahr vergangen, seit er
[Büchner] diese Fackel warf; noch immer ist Widerstand –
denkt daran!«

Ende April 1919 wurde im 3. Flugblatt der Mannheimer
Publikationsreihe *Der Schrey* ein Auszug aus dem HL unter dem Titel *Manifest!!!* veröffentlicht. Der abgedruckte
Auszug gibt die – mit dem Satz »So weit ein Tyrann blik-
ket!« beginnenden – Schlußpassagen des *Landboten* wieder,
in denen zur ›Erhebung‹ gegen die Tyrannen und »Presser«
aufgefordert wird. Die Wahl des Schlußteils ist als implizi-
ter Hinweis für die Leser des Jahres 1919 zu verstehen, den
Aufruf des *Manifests* zum Aufstand ernst zu nehmen und
in die Tat umzusetzen.

Das wichtigste Wirkungszeugnis aus der unmittelbaren
Nachkriegszeit ist die vollständige, unter dem Titel *»Friede
den Hütten! Krieg den Palästen!«* erschienene Ausgabe des
HL, die KURT PINTHUS (1886–1975) im Sommer 1919 –
nach der Niederschlagung der Münchener Räterepublik – in
der von ihm angeregten Reihe *Umsturz und Aufbau* als *Erste Flugschrift* in einer Auflage von 5000 Exemplaren im
Rowohlt-Verlag herausgab. Auch Pinthus unterstreicht in
der Einleitung zu seiner Ausgabe die besondere Aktualität
der Flugschrift, deren Verfasser als »sozialistischer Revolutionär seinem Jahrhundert fast um ein Jahrhundert« (S. 9)
voraus gewesen sei: »Daß Büchner den Beginn des deutschen Sozialismus und zugleich den großen Bogen von diesem Beginn bis zur jetzigen Propagierung kommunistischer
Ideen bezeichnet, erweisen seine Briefe und der *Hessische
Landbote*. Man wird erstaunen, wie viele Sätze durch Inhalt
und Ausdruck sich anhören, als seien sie in unseren Tagen
geschrieben.« (S. 9) Nicht nur die Erscheinungsform als
Flugschrift und die recht hohe Startauflage, sondern auch
der relativ niedrige Preis von einer Mark pro Flugschrift

deuten darauf hin, daß der Verleger Rowohlt und der Herausgeber Pinthus eine möglichst breite Leserschaft mit dieser Ausgabe und dieser Reihe erreichen wollten. Wider Erwarten war jedoch der Absatz der in der Schriftenreihe *Umsturz und Aufbau* »veröffentlichten Flugschriften nicht groß; es erwies sich, daß das deutsche Volk nach dem verlorenen Krieg und der verlorenen Revolution genauso unpolitisch war wie vorher«[4].

Wie sehr im Laufe der zwanziger Jahre mit dem Abklingen des Expressionismus und dem Zerfall der Weimarer Demokratie, d. h. mit dem Erlahmen des revolutionären Erneuerungswillens im literarischen und politisch-gesellschaftlichen Leben[5], die allgemeine Wirkung Büchners und im besonderen die des HL nachließ, verdeutlicht und veranschaulicht die dritte Einzelausgabe des HL, die 1929 in einem Privatdruck erschien: *Der Hessische Landbote*, Mainz: Mainzer Presse, 1929. In einer von dem Buchdrucker und Schriftgestalter Christian Heinrich Kleukens (1880–1954) geschaffenen, schönen, aber schwer lesbaren Schrift wurden insgesamt »150 Exemplare für die Vereinigung der Darmstädter Buchfreunde« hergestellt. Wenn Hans Magnus Enzensberger in seiner *Landboten*-Ausgabe von 1965 (S. 165) provozierend erklärt, daß Büchners Flugschrift in unserem Lande zwar viele »Leser, aber keine Adressaten« mehr habe, so darf man im Hinblick auf den bibliophilen Druck der Mainzer Presse noch einen Schritt weitergehen und sagen: Mit ihm werden nicht einmal mehr Leser, sondern nur noch Bibliophile angesprochen.

---

4 Paul Mayer, *Ernst Rowohlt in Selbstzeugnissen und Bilddokumenten*, Reinbek bei Hamburg 1968, S. 69.
5 Vgl. Werner Schlick (Hrsg.), *Dichter über Bücher*, Frankfurt a. M. 1973, S. 116 f.

Der *Hessische Landbote* in der NS-Zeit

»Nicht einmal Joseph Goebbels hat ihn [den HL] verboten«, bemerkt Enzensberger in seiner *Landboten*-Edition von 1965 (S. 162), um damit zu bekräftigen, daß Büchners und Weidigs Flugschrift »seit Menschengedenken [...] keinen Widerspruch mehr in Deutschland« gefunden habe. Aber Enzensberger und lange Zeit auch der Büchner-Forschung[6] ist entgangen, daß es in der NS-Zeit sehr wohl einen dezidierten »Widerspruch« gegen den *Landboten*, ja, ein regelrechtes Verbot desselben, gegeben hat. In der *Liste 1 des schädlichen und unerwünschten Schrifttums*, bearbeitet und herausgegeben von der Goebbels unterstellten Reichsschrifttumskammer (Berlin 1936), wird unter den inkriminierten Einzelschriften angeführt: »Büchner, Georg: Friede den Hütten – Kampf den Palästen« (S. 22). Unter dem – hier freilich entstellt wiedergegebenen – Motto der Flugschrift (nicht unter ihrem originären Titel) war 1919 – wie oben kommentiert – in der Rowohlt-Reihe *Umsturz und Aufbau* der von Kurt Pinthus herausgegebene HL erschienen. Und diese Ausgabe des *Landboten* von 1919 war es wohl auch, gegen die sich das Verbot der Reichsschrifttumskammer richtete, wenngleich mit dem Motto-Titel der Flugschrift sicher auch andere separate Einzelausgaben des HL mitgemeint waren und mitbetroffen gewesen wären, hätte es sie nach 1933 auf dem Buchmarkt gegeben. Daß die Aufnahme in die *Liste des schädlichen und unerwünschten Schrifttums* tatsächlich einem Verbot der aufgeführten Werke gleichkam, geht aus § 1 der »Anordnung« hervor: »Die Reichsschrifttumskammer führt eine Liste solcher Bü-

---

6 Als erster hat Gerd Alfred Petermann, »In unserm Lager ist Deutschland‹. Notizen zur Rezeption Georg Büchners im deutschen Exil 1933–1945«, in: *Sprache und Literatur*, Festschrift für Arval L. Streadbeck zum 65. Geburtstag, hrsg. von Gerhard P. Knapp / Wolff A. von Schmidt. Bern / Frankfurt a. M. / Las Vegas 1981, S. 150, das Verbot des HL durch den NS-Staat erwähnt. Vgl. neuerdings auch Goltschnigg (1990, S. 8 f., Anm. 14).

cher und Schriften, die das nationalsozialistische Kulturwollen gefährden. Die Verbreitung dieser Bücher und Schriften durch öffentlich zugängliche Büchereien und durch den Buchhandel in jeder Form [...] ist untersagt.« (S. 3)

War der *Landbote* in der NS-Zeit verboten[7]: die Werke Büchners waren es nicht. Dies bedeutet freilich nicht, daß das Werk Büchners in dieser Zeit besonders gefragt gewesen oder gar von Staatswegen gefördert worden wäre. Im Gegenteil: Es wurde verschwiegen, verdrängt und kaum noch verlegt. Eine Statistik der Büchner-Editionen dokumentiert das Verschwinden Büchners vom deutschen Buchmarkt nach 1933. In keinem anderen Jahrzwölft dieses Jahrhunderts sind so wenige Büchner-Ausgaben erschienen wie zwischen 1933 und 1945 (vgl. Schlick, 1968, S. 26–29): eine Gesamtausgabe der *Werke und Briefe*, die 3. Aufl. der Insel-Büchner-Ausgabe von Fritz Bergemann (Leipzig 1940), sowie drei Einzelausgaben von drei Büchner-Dichtungen (*Leonce und Lena*, 1934; *Woyzeck*, 1936; *Lenz*, 1942). Im Vergleich hierzu: in der Zeit zwischen 1919 und 1932 sind in Deutschland sechs Gesamt- bzw. Sammelausgaben und 16 Einzelausgaben von Büchners Werken erschienen (vgl. Schlick, 1968, S. 20–27).

Daß es in der NS-Zeit – trotz der Restriktionen und Verbote – unter deutschen Autoren vereinzelt eine produktive *Landboten*-Rezeption gegeben hat, bezeugen zwei in den Jahren 1935 und 1938 entstandene Theaterstücke, die sich nicht erhalten haben, deren Titel und Autoren jedoch bekannt sind. Verfasser des einen *Landboten*-Dramas ist HANS ERICH NOSSACK (1901–77), der sich in der Büchner-

---

7 Nicht auf allen Verbotslisten der Nationalsozialisten wird der *Landbote* aufgeführt. Zwar erscheint er auf dem Polizeiindex der Bayrischen Politischen Polizei von 1934 und auf der Verbotsliste des Propagandaministeriums von 1936 (*Liste 1 des schädlichen und unerwünschten Schrifttums*), aber er fehlt in der gründlich überarbeiteten Neufassung dieser Liste von 1939 (vgl. Dietrich Strothmann, *Nationalsozialistische Literaturpolitik. Ein Beitrag zur Publizistik im Dritten Reich*, 3. Aufl. Bonn 1968, S. 231, Anm. 514).

Preis-Rede von 1961 ausführlich über sein im Zweiten Weltkrieg verbranntes Stück äußert:

»Wie alle, die meiner Generation angehören, habe ich mich einmal sehr intensiv mit der Büchnerzeit befaßt. Etwa 1935 schrieb ich ein Theaterstück *Der Hessische Landbote*. Wie der Titel sagt, ging es nicht um die Person Büchners, sondern um die Auflehnung der Jugend gegen Diktatur und Restauration. Aus der Entfernung heraus möchte ich, was mich betrifft, das Schreiben des Stückes einen Akt der Résistance nennen. Die geschichtlichen Parallelen boten und bieten sich wie von selber an; man ist versucht, von einem spezifisch deutschen Schicksal zu sprechen. Denken wir nur an die Hauptpersonen: Büchner lehnt sich aus humanistisch-fortschrittlichen und Rektor Weidig aus religiösen Gründen auf. Oder denken wir an August Becker, den ›roten‹ Becker, den revolutionären Aktivisten, vermutlich mit dem illegalen Blick, wie wir ihn alle kennen. Und von der Gegenseite brauchen wir nur einen so reinen Gestapotyp wie Georgi zu erwähnen, den bürokratischen Henker, der im deutschen Kleinbürger auf der Lauer zu liegen scheint. Die Namen lassen sich unschwer mit Namen aus der jüngsten Vergangenheit auswechseln.«

Hans Erich Nossack: So lebte er hin … In:
H. E. N.: Die schwache Position der Literatur.
Reden und Aufsätze. Frankfurt a. M. 1966. S. 51. –
© 1966 Suhrkamp Verlag, Frankfurt am Main.

Verfasser des anderen *Landboten*-Dramas aus der Zeit des Nationalsozialismus ist der Schriftsteller WERNER STEINBERG (geb. 1913), der 1969 den Büchner-Roman *Protokoll der Unsterblichkeit* (Halle a. d. Saale) veröffentlicht hat. Die erste Beschäftigung Steinbergs mit Büchner fällt jedoch bereits in das Jahr 1938, als er – nach Verbüßung einer zweijährigen Gefängnisstrafe wegen antifaschistischer Aktivitäten – das Büchner-Stück *Der Landbote* verfaßte. »Innerer

Beweggrund« für Steinbergs Beschäftigung mit der *Land-boten*-Aktion war – so H. D. Tschörtner im Nachwort zu Steinbergs Büchner-Roman *Protokoll der Unsterblichkeit* – »die bohrende Frage nach der Verantwortung« für die von Steinberg »in den Widerstandskampf hineingezogenen Personen (insgesamt waren 50–60 beteiligt), die Frage, ob es sich gelohnt habe.« Das Stück sei »damals sogar von der Agentur ›Der junge Bühnenvertrieb‹ in Leipzig angenommen, aber nie aufgeführt worden«[8].

Der *Hessische Landbote* in der Zeit der deutschen Exilliteratur

»Wer während des ›Dritten Reichs‹ den steckbrieflich verfolgten, 1837 im Züricher Exil verstorbenen Büchner nur annähernd adäquat rezipieren wollte, mußte ihn aus der Perspektive der unzähligen vom Naziregime vertriebenen Schriftsteller begreifen« (Goltschnigg, 1990, S. 32). Unter deutschen Exilautoren fand von Anfang an, d. h. seit 1933, eine vielschichtige und intensive Rezeption des ›literarischen Erbes‹ statt, und als Exponent des ›literarischen Erbes‹ war der politisch verfolgte Sozialrevolutionär und Emigrant Georg Büchner wie geschaffen, konnte er doch zwanglos als Repräsentant eines ›anderen Deutschland‹ reklamiert werden (vgl. Petermann – s. Anm. 6 –, S. 151). Prädestiniert zu dieser Rolle war Büchner aufgrund seiner politischen Biographie, sahen sich doch die vom NS-Staat aus der Heimat Vertriebenen dem vom spätabsolutistischen Feudalstaat verfolgten Büchner durch eine frappierende Schicksalsgemeinschaft verbunden.

Ein aufschlußreiches Zeugnis der antifaschistischen Exilrezeption Büchners stammt von dem Schriftsteller ARNOLD

---

8 Werner Steinberg, *Protokoll der Unsterblichkeit. Roman. Ausgewählte Werke*, hrsg. von H. D. Tschörtner. 4. Aufl. Halle / Leipzig, 1980, S. 437.

ZWEIG (1887–1968), der 1936 in der Emigration seinen *Epilog zu Büchner* verfaßte, nachdem er 1923 eine Ausgabe von *Georg Büchners Sämtlichen poetischen Werken* herausgegeben und eingeleitet hatte. Zweig analysiert und kommentiert in seinem Büchner-Epilog die Verdrängung und »Verschüttung Büchners« seit 1933, und er vergleicht die dreißiger Jahre des 20. mit denen des 19. Jahrhunderts:

»Was nie vorauszusehen war, ist eingetreten. Der Dichter Georg Büchner ist heute wieder, wie vor hundert Jahren, für Deutschland nicht vorhanden. Es besteht von seinen Werken nur noch eine der allgemeinen Leserschaft schwer zugängliche Dünndruckausgabe, teuer und philologisch, die des Insel-Verlages. Die allgemeinen Ausgaben sind verschwunden, niemand wagt, sie neu zu drucken. Aus dem unablässigen Streben der Deutschnationalen, wieder zur Macht zu kommen, aus der Angst der Sozialdemokraten, nicht national genug zu erscheinen, aus der Zwietracht der Arbeiterparteien und aus all den Befürchtungen für Eigentum und Besitz, die mit dem Schrecken vor dem Kommunismus verbunden sind, ließ man in Deutschland all diejenigen Mächte wieder in den Besitz des Staates und des Volkes gelangen, die Georg Büchner vor hundert Jahren zur Flucht zwangen und in die Emigration. Was dieser Tatbestand für die deutsche Geistesgeschichte aussagt und über die weiche und beeinflußbare Seele der deutschen Massen, wird nachdenklichen Lesern von Büchners Werken viel Beschäftigung geben. ». . . das Volk ist materiell elend, das ist ein furchtbarer Hebel«, sagt Lacroix bei ihm. Dieser Hebel, diesmal als Arbeitslosigkeit und Krise, hat zweifellos bei der Verschüttung Büchners und der deutschen geistigen Freiheit, der ganzen aus ihm, Heine und Börne entsprossenen Literatur entscheidend mitgewirkt. Aber es gibt keine Erklärung für die Leichtigkeit, mit der die Masse der deutschen lesenden Menschen abdankte und in den Schutz der Barbarei flüchtete, unter die herrische und väterliche Autorität strenger und dummer Obrigkeitler. So geschah es um 1830, als die errungenen Freiheiten zu Bruch gingen, so 1930 und 1933, als die autoritäre Staatsführung in die hitlerische Diktatur mündete. Schamvoll genug bekennen wir, diese Wiederholung nach der großen Schule des Krieges nicht für möglich gehalten zu haben.«

Arnold Zweig: Epilog zu Büchner [1936]. In: A. Z.: Ausgewählte Werke in Einzelausgaben. Bd. 15: Essays. Bd. 1: Literatur und Theater. Berlin 1959. S. 204 f. – © 1959 Aufbau-Verlag, Berlin.

Zum 100. Todestag Büchners brachte 1937 die in Moskau erscheinende Exilzeitschrift *Das Wort* (hrsg. von Bert Brecht, Willi Bredel und Lion Feuchtwanger) ein zum guten Teil Büchner gewidmetes Sonderheft heraus (H. 2, Februar 1937), das unter diversen Büchneriana wie Georg Lukács' Beitrag »Der faschisierte und der wirkliche Büchner« auch einen den *Landboten* betreffenden Aufsatz des Historikers Walter Haenisch (1906–42) enthält (S. 27–34): »Friede den Hütten! Krieg den Palästen! Georg Büchners *Hessischer Landbote* und die ›Gesellschaft der Menschenrechte‹«. Haenisch stimmt in der kontrovers diskutierten Frage, ob Büchner Sozialist gewesen sei, mit Eduard David überein, dem er auch in der Einschätzung Büchners als eines ›kleinbürgerlichen Revolutionärs‹ verpflichtet ist:

»Wenn man Büchner gelegentlich den ersten deutschen Sozialisten genannt hat, so ist das gewiß falsch. Er stand – sein *Danton* zeigt es nicht minder wie die Gesellschaft der Menschenrechte – auf dem Boden der kleinbürgerlichen Revolutionäre der ›Schreckenszeit‹ –, man kann aber für das Jahr 1834 und das bäuerlich-kleinbürgerliche Hessenländchen kaum etwas anders erwarten. Der *Hessische Landbote* zeigt aber andrerseits, daß Büchner schärfer als ein andrer seiner deutschen Zeitgenossen den wirklichen Charakter der gesellschaftlichen Verhältnisse erkannte.« (S. 29 f.)

Was den HL angeht, so hebt Haenisch dessen Unverbrauchtheit und Aktualität hervor, indem er ihn als »das noch heute, nach hundert Jahren, jugendfrische Kampfblatt« bezeichnet (S. 32). Eine historische Parallele zwischen den »Unterdrückern« von 1834 und den »heutigen Machthabern in Deutschland« ziehend, stellt Haenisch die rhetorische Frage: »Und klingen uns nicht wie ein Mahn- und Kampfruf aus unsern Tagen entgegen die Schlußworte des *Landboten*, der vor hundert Jahren ein gepeinigtes Volk aufrief zum Sturz seiner Unterdrücker, die den heutigen Machthabern in Deutschland so wesensnahe sind« (S. 32).

Rezeption des *Hessischen Landboten* nach 1945

Nach dem Ende des Zweiten Weltkriegs ist eine deutliche Intensivierung der Büchner-Rezeption im allgemeinen und der *Landboten*-Rezeption im besonderen zu beobachten. Die beiden 1945 und 1947 erschienenen Einzelausgaben des HL (siehe Literaturhinweise unter II.2.) sind weitere Belege für Janckes These, daß der HL immer dann neu aufgelegt wird, wenn gesellschaftliche und politische Umwälzungen stattfinden, anstehen oder gewünscht werden. Daß Fritz Bergemann (1885–1963) seine 1947 erschienene *Landboten*-Ausgabe in den Kontext und die politischen Auseinandersetzungen der Umbruchszeit nach dem Ende des ›Dritten Reichs‹ stellt, geht aus seiner historisch-biographischen Einführung deutlich hervor. Darin parallelisiert Bergemann die politische Situation nach den Befreiungskriegen mit der für eine Republikanisierung so viel günstigeren Zeit nach 1918 sowie mit der Nachkriegssituation nach 1945, welche die Chance für einen völlig neuen »Wiederaufbau unseres Staatswesens« biete, eines demokratischen Staates, der »ausschließlich den jetzt gegebenen Verhältnissen Rechnung trägt und vor allem den Belangen des Volkes als alleinigen

Hoheitsträgers gerecht wird« (S. 7). Am Schluß seiner umfangreichen Einführung aktualisiert und idealisiert Bergemann den Verfasser des HL, indem er erklärt, Büchner sei
»uns heute noch, und wieder, ein leuchtendes Vorbild un-
eigennütziger Kampfbereitschaft für Freiheit und Menschenrechte« (S. 70).

In der Geschichte der *Landboten*-Editionen kommt der
1965 von HANS MAGNUS ENZENSBERGER (geb. 1929) vorge-
legten und kommentierten Ausgabe des HL eine besondere
Bedeutung zu. Diese Edition ist die am weitesten verbrei-
tete, auflagenstärkste, am längsten auf dem Buchmarkt be-
findliche Einzelausgabe der Flugschrift. 1965 erschien das 1.
bis 5. Tausend in der neuen Reihe der ›sammlung insel‹; bereits 1966 folgte als 2. Auflage das 6. bis 10. Tausend; und
1974 ist der Band unverändert in die Reihe der ›insel ta-
schenbücher‹ (Bd. 51) übernommen worden, in der er bis
1986 kontinuierlich nachgedruckt wurde. Enzensbergers
Landboten-Ausgabe war von 1965 bis 1986 auf dem Buchmarkt präsent; ihre Gesamtauflage beträgt 28 000 Exemplare (Stand: 1986).

Was diese Ausgabe des *Landboten* als wirkungsgeschicht-
liches Dokument so interessant macht, ist der die Ausgabe
beschließende Abschnitt »Politischer Kontext 1964« (S. 162
bis 168), in dem Enzensberger im Vorfeld der Studentenbewegung nachdrücklich auf die weltpolitische Aktualität und
Brisanz des HL hinweist und diese Brisanz durch die Abfassung eines *Persischen Landboten* unter Beweis zu stellen
versucht, wobei er sich auf den Iran des letzten persischen
Schahs, Reza Pahlawi, und dessen Regime in der Mitte der
sechziger Jahre bezieht. Um zu zeigen, wie Enzensberger
die weltpolitische Aktualität des HL begründet, sei hier
eine längere, zusammenhängende Passage aus seinem »Politischen Kontext 1964« wiedergegeben:

»Die größte Gemeinheit gegen einen toten Schriftsteller
besteht darin, daß man ihn feiert, aber nicht ernstnimmt.

Der Respekt, den wir Autoren wie Büchner und Weidig schuldig sind, gebietet uns zu sagen, daß *Der Hessische Landbote* in unserer Lage, auf unser Land bezogen, ein Anachronismus ist. Büchner schrieb aus Straßburg, den 5. April 1833: ›Wenn in unserer Zeit etwas helfen soll, so ist es Gewalt.‹ Er schrieb im selben Brief: ›Die deutsche Indifferenz ist wirklich von der Art, daß sie alle Berechnungen zuschanden macht.‹ Der politische Kontext im Deutschland des Jahres 1964 läßt sich durch das Urteil kennzeichnen, daß der zweite Satz gilt und daß der erste falsch ist.

Mit Gewalt ist nicht uns, geschweige denn unsern Nachbarn zu helfen. Das haben die avancierten Wortführer des Kapitals längst begriffen; sie verhandeln auf allen Messeplätzen Osteuropas und suchen ihr Geschäft in der großen Détente. Selbst unter den Militärs hat sich herumgesprochen, daß der Ausnahmezustand, der über uns verhängt ist, Frieden heißt. Vom Bürgerkrieg träumen nur vergrämte Altkommunisten und Desperados der extremen Rechten. Solange und sofern es dem internationalen Kapital gelingt, die großen Krisenbewegungen unter seiner Kontrolle zu halten, ist der Status quo gesichert.

Nur daß damit die Lehre des *Hessischen Landboten* nicht widerlegt und ihr Gehalt an Zukunft nicht erschöpft ist. Die alte Schrift hat heute in unserm Lande Leser, aber keine Adressaten. Denn an passive Beobachter und reiche Nutznießer war sie nie gerichtet. Mithin spricht sie nicht zu, sondern gegen uns. Heute ist jeder Gedanke Büchners denen zugedacht, die vor uns ›wie Dünger auf dem Acker liegen‹. Was 1834 Winkelpolitik war, ist zur Weltpolitik geworden. Was der Gießener Student und der Butzbacher Landpfarrer schrieb, geht heute eine Milliarde Menschen an. Was 1964 am *Landboten* gilt, gilt nicht für Hessen, es gilt für den Nahen Osten, den indischen Subkontinent und Südostasien, für große Teile Afrikas und für viele Länder des lateinischen Amerika.

Ein beliebig gewähltes Beispiel zeigt, daß sich auf diese

Staaten, für die man die euphemistische Bezeichnung Entwicklungsländer gefunden hat, eine Reihe von Charakteristika übertragen lassen, die zu Büchners Zeiten für das Großherzogtum Hessen galten.

Der Iran ist, abgesehen von einigen Enklaven, die faktisch fremdes Hoheitsgebiet sind, ein reines Agrarland. Die landwirtschaftliche Produktion hält an den hergebrachten, uralten Methoden fest. Die Masse der kleinen Bauern ist von den Feudalherren und Großgrundbesitzern abhängig. Das Handwerk kommt als Motor der wirtschaftlichen Entwicklung nicht in Betracht. Der Industrialisierungsprozeß hat noch kaum begonnen. Die fruchtbaren Regionen des Landes sind dicht besiedelt. Die Bevölkerung wächst infolge der sinkenden Sterblichkeit und der zunehmenden Lebenserwartung rasch an. Das durchschnittliche Einkommen pro Kopf und Jahr liegt zwischen hundert und zweihundert Dollar; dabei ist zu bedenken, daß jede Durchschnittsberechnung die extrem ungleiche Verteilung des Einkommens verschweigt. Die überwiegende Mehrzahl der Bevölkerung besteht aus verarmten Handwerkern und Bauern. 85 % aller Perser sind Analphabeten. Das Land besitzt große natürliche Reichtümer. Das sind seine Erdölvorkommen. Sie werden von amerikanischen und europäischen Gesellschaften kontrolliert, die ihre Erträge mit der herrschenden Oligarchie teilen. Diese Gelder fließen, soweit sie nicht verschwendet werden, in die reichen Länder ab. Sie werden nicht im Lande investiert, sondern auf Schweizer Konten deponiert. Die politischen Zustände entsprechen dieser ökonomischen Lage, und sie sind dazu angetan, sie zu verewigen. Das Land ist eine konstitutionelle Monarchie. Die Wahlen zum Majlis sind eine Farce; Oppositionsparteien sind nicht zugelassen; das Schattenparlament wird vom Schah aufgelöst, sobald Widerspruch gegen seine Beschlüsse laut wird. Der leistungsfähigste Zweig der Administration ist die Geheimpolizei. Die politische Justiz ist der des deutschen Vormärz ebenbürtig. Die Universitäten werden ständig überwacht; Unruhen werden zusammengeschossen. Für alle Druckschriften herrscht Vorzensur. Somit befindet sich, wer im Iran überhaupt politisch denkt, von vornherein in der Opposition – mit alleiniger Ausnahme des Schahs, seiner Standesgenossen und Kreaturen.

Die große Stabilisierung dieses Zustandes kann nur um den Preis dauernder ökonomischer Krisen und unablässiger politischer Repression gelingen. Sie ist nur möglich mit Unterstützung der interessierten Großmächte, darunter der Sowjetunion, die mit den Amerikanern und Engländern seit dem Ende des Zweiten Weltkrieges eine stillschweigende Abrede zugunsten des Status quo getroffen hat.

Zitieren wir also noch einmal, und lesen wir ein paar Sätze aus dem *Persischen Landboten*:

›Das Leben der Reichen ist ein langer Sonntag: sie wohnen in schönen Häusern, sie tragen zierliche Kleider, sie haben feiste Gesichter und reden eine eigene Sprache. Das Leben der Bauern ist ein langer Werktag; Fremde verzehren seine Äcker vor seinen Augen. Die Regierung des Schahs sagt, das sei nötig, um die Ordnung im Staat zu erhalten. In Ordnung leben heißt hungern und geschunden werden.

Der Schah ist der Kopf des Blutigels, der über euch hinkriecht, die Minister sind seine Zähne und die Beamten sein Schwanz. Geht einmal nach Teheran und seht, wie die Herren sich für euer Geld lustig machen, und erzählt dann euern hungernden Weibern und Kindern, daß ihr Brot an fremden Bäuchen herrlich angeschlagen sei, erzählt ihnen von den schönen Kleidern, die in ihrem Schweiß gefärbt, und von den zierlichen Bändern, die aus den Schwielen ihrer Hände geschnitten sind!

Hebt die Augen auf und zählt das Häuflein eurer Presser, die nur stark sind durch das Blut, das sie euch aussaugen. Ihrer sind vielleicht 20 000 im ganzen Iran und eurer sind es einundzwanzig Millionen, und also verhält sich die Zahl der armen Völker zu ihren Pressern auch in der übrigen Welt. Wohl drohen sie mit dem Rüstzeug Amerikas, aber ich sage euch: wer das Schwert erhebt gegen das Volk, der wird durch das Schwert des Volkes umkommen.‹

Der Iran ist nicht Hessen. Der Unterschied, weit davon entfernt, Büchners Thesen zuschanden zu machen, verkehrt noch seinen Irrtum in Prophetie. Engels hat recht gehabt gegen ihn, aber unrecht behalten. In der Dritten Welt gibt es keine Bourgeoisie, welche die gefährlichste Feindin der existierenden Regierungen wäre. Dagegen haben die Bauern Asiens, Afrikas und Lateinamerikas bewiesen, daß sie keineswegs, wie die deutschen, ›eine hilflose Klasse bilden‹ und ›aller historischen Initiative durchaus unfähig‹ sind. Die chinesische, die algerische, die cubanische, die Revolution in Vietnam, das heißt, alle siegreichen Revolutionen in der Mitte des zwanzigsten Jahrhunderts sind Bauernrevolutionen gewesen.

Das Verhältnis zwischen armen und reichen Völkern ist das einzige revolutionäre Element in der Welt. Nur mit Gewalt kann dieses Verhältnis aufrechterhalten, nur mit Gewalt kann ihm abgeholfen werden. Solange es sich mit jedem Tage zuspitzt, wissen die armen Völker, was sie von uns zu erwarten haben. Alles was wir ihnen bewilligen, wird uns durch die Notwendigkeit abgezwungen, und selbst das Bewilligte werfen wir ihnen hin wie eine erbettelte Gnade und ein elendes Kinderspielzeug, um dem ewigen Maulaffen Asien unsere guten Geschäfte vergessen zu machen. Im übrigen haben wir unsere Paläste unter Denkmalschutz gestellt und uns ein neues Motto verschrieben: Frieden den Eigenheimen am Rhein und am Hudson! Krieg den Hütten am Congo und am Mekong!

Wer immer auf Büchner sich berufen kann, wir sind es nicht!«

Aus: Georg Büchner / Ludwig Weidig. Der Hessische Landbote. Texte, Briefe, Prozeßakten. Komm. von Hans Magnus Enzensberger. Frankfurt a. M. 1965. S. 164–168. – © 1974 Insel Verlag, Frankfurt am Main.

Hat Enzensbergers Ausgabe von 1965 der *Landboten*-Rezeption der Studentenbewegung Ende der sechziger Jahre den Boden bereitet, ja mehr noch: hat sie die neue, um 1968/70 kulminierende Rezeptionsphase eingeläutet, so stellt jene *Landboten*-Ausgabe, die der zur außerparlamentarischen Opposition gehörende Verleger, Drucker und Schriftsteller PETER-PAUL ZAHL (geb. 1944) um 1968 in der Reihe ›zwergschul-ergänzungshefte‹ als Heft 4 im eigenen Verlag herausgab[9], den Höhepunkt der *Landboten*-Rezeption in der Zeit der Studentenrevolte dar. Nach Peter-Paul Zahl hat der HL keineswegs nur für Länder der Dritten Welt, sondern auch für europäische Länder seine »Gültigkeit«. Zur anhaltenden »Aktualität« des *Landboten* (und des *Kommunistischen Manifests*) heißt es in Zahls kurzer Nachbemerkung zu seiner Ausgabe:

»Die von Büchner und Marx angesprochenen Unterdrückten sind aufgestanden – in Rußland, Ungarn, Deutschland, Spanien, in China, Kuba und Vietnam. In einigen dieser Länder haben sie ihre Ketten verloren, in den anderen ist ihr ›Schweiß‹ immer noch ›das Salz auf dem Tische der Vornehmen‹.

Für diese haben die wortgewaltigen Dokumente deutscher Revolutionäre, der *Hessische Landbote* und das *Kommunistische Manifest* nach wie vor ihre Gültigkeit. Für diese haben diese über hundert Jahre alte [!] Schriften grelle Aktualität. Und sie werden aktuell bleiben solange die unterdrückten Klassen auf der ganzen Welt die Widersprüche ihrer Systeme nicht erkennen, solange sie nicht nach einer Umschichtung der alten Formen der Herrschaft drängen, solange sie nicht sehen, daß es für sie nur die von Rosa Luxemburg artikulierte Alternative gibt:
Vorwärts zum Sozialismus oder – Rückfall in die Barbarei!«

9 Georg Büchner, *Der Hessische Landbote* [hrsg. von Peter-Paul Zahl], Berlin [um 1968]. – Nach Angaben Zahls ist seine *Landboten*-Ausgabe »etwa 1967/68« erschienen (vgl. GBJb 4, 1984, S. 88, Anm. 35).

Drei Gedichte
mit Bezügen zum *Hessischen Landboten*

GUNTRAM VESPER (geb. 1941)

Erbschaft

Achtzehnhundertvierunddreißig
im hessischen Dorf Steinheim

am Wintermorgen eilig
mit der Kerze zum Herd
Papier zu verbrennen.

Die Flugschrift, die am Zaun hing
ließ zögernd der Häusler
in der rissigen Lehmwand übernachten
neben der Schlafstatt der Familie

vier Bretter, heute
in meinem Besitz
ein Ort für die Lektüre
des Landboten noch immer.

Guntram Vesper: Ich hörte den Namen Jessenin.
Frühe Gedichte. Frankfurt a. M. 1990. S. 79. – Mit
Genehmigung von Guntram Vesper, Göttingen.
Von dieser Textgestalt abweichender Erstdruck in:
Frankfurter Rundschau, 16. April 1966. Danach in:
kürbiskern. Literatur und Kritik 2 (1967) S. 36;
Akzente 15 (1968) S. 216.

Franz Hodjak (geb. 1944)

Variation auf ein Thema von Büchner

ist friede in den hütten,
ist friede in den palästen –
amen.

Zit. nach dem Erstdr. in: Neue Literatur. Zeitschrift des Schriftstellerverbandes der Sozialistischen Republik Rumänien 33 (1982) H. 1. S. 7. – Wiederabgedr. in: Franz Hodjak: Flieder im Ohr. Gedichte. Bukarest 1983. – Mit Genehmigung von Franz Hodjak, Usingen.

Fritz Deppert (geb. 1932)

Steckbrief

Alter: 21 Jahre, / Größe: 6 Schuh, 9 Zoll
neuen Hessischen Maßes.
Wenn er ihnen in die Hände gefallen wäre,
hätten sie ihn verrotten lassen,
die Läuse hätten ihn gefressen
und sie hätten sich die Hände in Unschuld
und Weihwasser gerieben.
Haare: blond. / Stirne: sehr gewölbt,
Augenbrauen: blond, / Augen: grau,
Nase: stark, / Mund: klein.
Über die Grenze weg
schlug er ihnen ein Schnippchen,
nachdem er noch vorher
sich unsterblich
und ihren Henkerhänden unerreichbar
geschrieben hatte.

Bart: blond, / Kinn: rund, /
Angesicht: oval, / Gesichtsfarbe: frisch.
Jetzt feiern sie ihn,
die Schießübungen werden verschwiegen,
der Landbote wird des guten Stils wegen gelesen,
sie versuchen den Aufbegehrenden durch Klatschen
mundtot zu machen
und benennen Schulen nach ihm.
Statur: kräftig, schlank,
Besondere Kennzeichen: Kurzsichtigkeit.
Aber er lebt, ihrem Zugriff entzogen;
die auf die dünne Erdkruste treten
und Angst haben durchzubrechen, sind sie,
die ewigen Verfolger.
Herzlichen Glückwunsch, Büchner,
auch dazu.

> Zit. nach: Oder Büchner. Eine Anthologie. Hrsg.
> von Jan-Christoph Hauschild. Darmstadt: Verlag
> der Georg Büchner Buchhandlung, 1988. (Die
> Barbe. Folge 1.) S. 49 f. – Erstveröffentlichung:
> Hessischer Rundfunk, 22. Februar 1987.

Der *Hessische Landbote*
in Reden der Büchner-Preis-Träger

WOLFGANG KOEPPEN (1906–96): Aus der Büchner-Preis-
Rede von 1962:

»›Friede den Hütten, Krieg den Palästen!‹ Ich hätte mich
gern dem Ruf des *Hessischen Landboten* verpflichtet. Aber
ich mußte erkennen – und dies fing schon bei Büchner an:
›Mästen Sie die Bauern, und die Revolution bekommt die
Apoplexie‹ –, daß es immer schwieriger wird, die Hütten
und die Paläste auseinanderzuhalten. Zuweilen flüchtet die

Freiheit in den unterhöhlten Palast, und aus der Hütte tritt der neue Zwingherr. Der Schriftsteller ist kein Parteigänger, und er freut sich nicht mit den Siegern. Er ist ein Mann, allein, oft in der traurigen Lage der Kassandra unter den Trojanern, er ahnt immer, wo die ewige Bastille steht und wie sie sich tarnt, und seine bloße, seine unzeitgemäße, seine ungesicherte, seine täglich erkämpfte vogelfreie Existenz zersetzt doch allmählich jede Mauer.«

Wolfgang Koeppen: Rede zur Verleihung des Georg-Büchner-Preises 1962. In: W. K.: Gesammelte Werke in sechs Bänden. Hrsg. von Marcel Reich-Ranicki in Zs.arb. mit Dagmar von Briel und Hans-Ulrich Treichel. Bd. 5: Berichte und Skizzen II. Frankfurt a. M. 1986. S. 259. – © 1986 Suhrkamp Verlag, Frankfurt am Main.

HEINRICH BÖLL (1917–85): Aus der Büchner-Preis-Rede von 1967:

»Es fällt nicht schwer, Büchners politische und ästhetische Gegenwärtigkeit zu sehen. Die Kerker-Torturen des Studenten und Büchnerfreunds Minnigerode mit jenen zwei, auf offener Straße durch amtliche Personen begangenen Morden in Beziehung zu bringen: der Erschießung des Berliner Studenten Ohnesorg und des Bundeswehrsoldaten Corsten, beides ungeheuerliche Fälle öffentlichen Mordes durch die Staatsgewalt. Oder: den *Hessischen Landboten* ins Persische übersetzen, vielleicht gar deutsch als Flugschrift neu mit Kommentar zu verbreiten, nicht in einer Dünndruckklassikerausgabe verpackt, wo ihm die Aura germanistisch-akademischer Behandlung den politischen Stachel nimmt. Die Anspielung auf den Adel und die Höfe brauchten in dieser Neuausgabe nicht einmal verwandelt, sie müßten nur interpretiert werden. [...] Es dürfte auch in einer solchen Flugschrift die Beschreibung einer Beerdigung nicht fehlen: jener lähmenden Veranstaltung, die vor einem halben Jahr eine vergangene Ära beendete und Ausdruck für eine neue Ära wurde; fast eine Woche lang hielt sie die Fernsehschirme besetzt; der Aufmarsch in- und ausländischer, europäischer und überseeischer Gesetzgeber und Regierungschefs; zwischen Ritterkreuzträgern und Kardinälen Pulk um Pulk modegerecht gekleideter Gesetzgeber. Das war modern, und es war – für mich jedenfalls – auf eine gespenstige Weise nicht gegenwärtig. Die lähmende Selbstverständlichkeit, mit der diese Beerdigungszeremonie ohne Widerspruch hingenommen wurde; die Mienen, die Kleider, die Autos; moderne Staatsmänner, moderne Prälaten, moderne Politiker und moderne Militärs, die den Kölner Dom besetzt hielten. Was uns nachdenklich machen sollte: daß auch in einer Gesellschaft, die sich doch demokratisch nennt, zwei Stände nicht dem Kleiderzwang unterliegen, zwei Stände, die nicht nur nicht gerade die Demokratie erfunden haben, sondern ihr auch nachweisbar unfreundlich gesonnen sind: der Klerus und das Militär; diese beiden Stände sind immer modern, immer gesellschaftsfähig gekleidet.

Es ist Zeit für ein Büchner-Zitat, aus dem *Hessischen Landboten*, geschrieben vierzehn Jahre bevor das *Kommunistische Manifest* erschien: ›Das Gesetz ist das Eigentum einer unbedeutenden Klasse von *Vornehmen* und Gelehrten, die sich durch ihr eigenes Machwerk die Herrschaft zuspricht. Diese Gerechtigkeit ist nur ein Mittel, euch in Ordnung zu halten, damit man euch bequemer schinde; sie spricht nach Gesetzen, die ihr nicht versteht, nach Grundsätzen, von denen ihr nichts wißt, Urteile, von denen ihr nichts begreift.‹ [...]

Ich wünschte mir in diesen neuen Hessischen Landboten hinein eine genaue Analyse der Tatsache, daß hierzulande auf Grund eines mysteriösen Protokolls staatsbesuchende Demokraten und Sozialisten mit mühsamem, gekrönte Häupter und Fürstlichkeiten mit überwältigendem Charme empfangen werden. Wer will sich da wundern, wenn Studenten, denen ein neues Bewußtsein zuwächst, diesem Pro-

Tafel an Büchners Sterbehaus in der Zürcher Spiegelgasse 12.

tokoll auf die einzig mögliche Weise zuwiderhandeln: durch Unruhe und eindeutig formulierte Ablehnung. Wie sollten sie zu einer Höflichkeit verpflichtet sein, die dieses mysteriöse Protokoll ihnen durch Polizeigewalt aufzwingen möchte? In diesem Land scheitert ohnehin das meiste nicht an sachlichen, sondern an Protokollfragen. [...]

Ich kann mich nicht entschließen, Büchners ästhetische Gegenwärtigkeit von seiner politischen zu trennen. Es wäre da eine von der Geschichte versäumte Begegnung zweier Deutscher zu beklagen. Die Begegnung zwischen Büchner und dem wenige Jahre jüngeren Marx. Die kraftvolle, so volkstümliche wie materialgerechte Sprache des *Hessischen Landboten* ist zweifellos eine ebenso wirkungsvolle politische Schrift wie das *Kommunistische Manifest*; Büchners traumhafte Sicherheit in der Erkenntnis und Darstellung sozialer Realitäten geht vom Landboten ohne Bruch in seine Dramen, seine Prosa, seine Briefe ein, und in dieser traumhaften Sicherheit bei der Erkenntnis sozialer Realitäten beim Dichter, Naturwissenschaftler und politischen Schriftsteller Büchner hätte die Chance gelegen, viele marxistische Irrtümer und Umwege, die Literatur betreffend, zu vermeiden, und die Leiden zukünftiger marxistischer Schriftsteller zu verringern. Vielleicht ließe sich diese von der Geschichte versäumte Begegnung posthum vollziehen: die idealistische Ästhetik des praktizierten Marxismus unserer Tage mit der Materialgerechtigkeit Büchners zu konfrontieren, der immerhin ein Zeitgenosse von Marx war und kein schlechter Kampfgenosse für ihn gewesen wäre.«

Heinrich Böll: Georg Büchners Gegenwärtigkeit. In: H. B.: Werke. Essayistische Schriften und Reden. Bd. 2: 1964–1972. Köln 1979. S. 277–280. – © 1979 Verlag Kiepenheuer & Witsch, Köln.

GOLO MANN (1909–94): Aus der Büchner-Preis-Rede von 1968:

»Büchners Adlerblick richtet sich auf die Sachen selber, direkt und ungelehrt. Er war ein Rebell, setzte das französische ›Frieden den Hütten! Krieg den Palästen!‹ als Motto über sein Pamphlet: ich kann ehrlich nicht sagen, daß ich die wenigen Paläste, alten Stils, die uns einstweilen noch übriggeblieben sind, hasse oder sie als schadenstiftend ansehe. Das mag freilich an den veränderten Zeiten liegen. Büchner meinte die Macht, wenn er ›Paläste‹ sagte, und in unseren alten Schlössern wohnt keine Macht mehr. Jedenfalls ist die Sympathie für die schönen Überreste vergangener Lebensstile keine revolutionäre. Büchner, sagt man uns, war ein Revolutionär.

War er das wirklich? Mit dem ersten Blick, mit dem Blick auf den *Hessischen Landboten*, auf ein paar Briefe und überlieferte Gesprächsfetzen, ja. Mit dem zweiten, längeren, nein. Büchner war zu reich in seiner Seele, zu sensitiv, zu spöttisch, zu wissend, zu pessimistisch, zu neurotisch, auch zu lebensfreudig, natur-, berg- und waldfreudig, zu sehr dem Metaphysischen geneigt, als daß er zum Berufsrevolutionär auf die Dauer getaugt hätte. Ein Revolutionär resigniert nicht so schnell, wie er es tat. Ein Revolutionär von Beruf gibt auch in der Verbannung nicht auf, webt an seinen Plänen und Verschwörungen ungebrochen, jahrzehntelang. Nicht so Büchner. Was er blieb, was er wohl auch geblieben wäre, hätte er lang gelebt, war nur dies: ein Rebell. Damit meine ich einen, der keine Achtung vor der Autorität hat, keine vor den Traditionen, keine vor den Anführern der Weltläufte, den ›Paradegäulen und Eckstehern der Geschichte‹, wie er sie nennt. Da wäre nun wieder ein Unterschied zwischen Büchner und dem Redner von heute nachmittag. Denn im Gegensatz zu Büchner glaube ich, daß die Paradegäule der Geschichte, zum Guten und Bösen, sehr wohl etwas tun können.

[. . .]

Der *Hessische Landbote* ist in der Geschichte der politischen Schriftstellerei Deutschlands zu einer Art von Legende geworden. Mit gutem Grund. Dies aufwiegelnde Zerpflücken des hessischen Sechs-Millionen-Budgets, dies den Bauern Zeigen, wohin ihre Steuern gingen, wer sie verpraßte oder brauchte, um die Zahlenden desto sicherer unterdrücken zu können, es war ein geniales Stück Demagogie, vollbracht von einem, der nicht etwa herabstieg, um bei seinen schlichten Lesern sich anzubiedern, sondern beim Schreiben seine ganze literarische Urkraft aufbot. Ich würde mir erlauben, hinzuzufügen, daß sechs Millionen vergleichsweise keine sehr hohe Summe für die Verwaltung des Ländchens war, obgleich sie zweifellos besser hätte verwendet werden können, als etwa für eine Armee von 6000 Mann, mit 25 Generalen. Jedoch schreibt der deutsche Historiker jener Jahre, Veit Valentin, dessen Herz entschieden links schlug, über die Verwaltung des Großherzogtums im ganzen: ›Der rheinische Kleinstaat setzte sich durch mittels einer nüchternen, anständig temperierten, am französischen

politischen Rationalismus wohl geschulten Staatsregierung
... So hatte der preußische Gesandte recht, wenn er
das Großherzogtum ‚eines der bestverwalteten Länder
Deutschlands‘ nannte.‹ Merkwürdigerweise hat Büchner im
Gespräch Ähnliches gesagt. Er hat auch, während er noch
alle Fürsten verjagt und ein einiges Reich gegründet sehen
wollte, plötzlich Zweifel darüber geäußert, ob ein solches
Ein-Reich eigentlich die Menschen glücklicher machen
würde. Das heißt, er schwankte, selbst in dieser kurzen,
fiebrigen Hoch-Zeit seines politischen Treibens. Er dachte,
sah, wußte zu vielerlei.«

Büchner-Preis-Reden 1951–1971. Mit einem Vorw.
von Ernst Johann. Stuttgart 1972 [u. ö.]. S. 191 f.,
193 f. – Mit Genehmigung von Claudia Beck-
Mann, Leichlingen, und Katja Beck-Mann, Lever-
kusen.

HERMANN LENZ (geb. 1913): Aus der Büchner-Preis-Rede
von 1978:

»Niemals hätte sich Büchner auf die Literatur als Lebens-
zweck eingelassen. Er war, wie Sie alle wissen, ein nahezu
asketisch lebender Medizinstudent, der mit dreiundzwanzig
Jahren Privatdozent für vergleichende Anatomie an der
Universität Zürich wurde. Die Literatur diente ihm – wahrscheinlich – als Heilmittel, das ihn besänftigte, seine Aggressionen milderte und ihn ins Gleichgewicht brachte. Wobei ich mir anzumerken erlaube, daß für mich auch *Der
Hessische Landbote* eine Schrift ist, die Büchner verfaßte,
um innere Spannungen loszuwerden. Oder hätte er sonst
die Möglichkeit, außer Landes zu gehen, nützen dürfen, die
ihm die Polizei als dem Angehörigen einer privilegierten
Schicht zubilligte? Ich meine: nein. Auch die Folgen der
Veröffentlichung seiner Schrift, die viele, bei denen sie gefunden wurde, für Jahre ins Gefängnis brachte oder außer
Landes trieb, scheinen ihn nicht bekümmert zu haben; nur
um seine Kollegen und Freunde hat er sich Sorgen gemacht.
Er hat zielstrebig studiert und seine literarischen Arbeiten

als Blitzableiter benützt, um seine Aggressionen loszuwerden. Denn Büchner war ein aggressiver junger Mann.«

Büchner-Preis-Reden 1972–1983. Mit einem Vorw.
von Herbert Heckmann. Stuttgart 1984. S. 114. –
Mit Genehmigung von Hermann Lenz, München.

PETER HAMM (geb. 1937): Aus der Laudatio auf Martin Walser, den Büchner-Preis-Träger von 1981:

»Die Situation ist einigermaßen bedenklich. Hier soll ein Preis verliehen werden im Namen eines steckbrieflich gesuchten Aufrührers, der selbst nur für einen Preis gut war, nämlich den, der auf seinen Kopf ausgesetzt war. Wenn auch zweifelhaft sein dürfte, wo er, der ›Friede den Hütten! Krieg den Palästen!‹ predigte, heute stünde: hier jedenfalls kaum.

Freilich, die Paläste, wo sie noch vorkommen, sind heute vornehmlich von Banken, Versicherungen, gelegentlich noch von Nobel-Hotels oder Regierungen belegt. Und die Hütten wichen Mietskasernen, oder man überließ sie jenen, die man, in grotesker Verkehrung der Tatsachen, Gastarbeiter nennt. Wie müßte ein aktualisierter Kampfruf also lauten? Friede den Mietskasernen! Krieg den Bungalows!? Oder: Friede den Eigenheimen! Krieg den Villen!? Oder gleich auf eine Architektenmaxime verkürzt, wie einst bei Bazon Brock: ›Krieg den Hütten! Friede den Palästen!‹?

Daß der Versuch einer Aktualisierung der einst aufrührerischen Parole leicht in Komik mündet, das beweist doch auch, daß sich Geschichte ereignet hat. Es scheint schwieriger als zu Büchners Zeiten, klirrend eindeutig Partei für oder gegen zu ergreifen, Herrschaft tritt nicht mehr ganz so plump wie vor 150 Jahren auf, die Verhältnisse haben sich offensichtlich für fast alle von uns, zumindest in diesem bevorzugten Erdteil, zum Besseren verändert, sind allerdings auch undurchschaubarer geworden.«

Büchner-Preis-Reden 1972–1983. Mit einem Vorw.
von Herbert Heckmann. Stuttgart 1984. S. 155. –
Mit Genehmigung von Peter Hamm, Tutzing.

WOLFDIETRICH SCHNURRE (1920–89): Aus der Büchner-Preis-Rede von 1983 (in der Schnurre den »Kollegen« Büchner direkt, und zwar mit »Sie« anredet):

»Obwohl ich wirklich nicht behaupten kann, daß ich Sie als revolutionären Typ bewundere: Sie sind mir nicht zähe genug. Und ich bedauere auch Ihr Emigrantenschicksal nicht sonderlich; es war vorauszusehen, Doktor. Wir haben alle einmal Flugblätter verteilt oder Parolen, die auf die Herrschenden zielen, an Wände, an Mauern geschrieben; es ist kein Ruhe förderndes Geschäft; und bei Hitler konnte man bekanntlich ja auch wesentlich mehr als nur das ohnehin fragwürdig gewordene Vaterland dafür verlieren, zum Beispiel den Kopf.

[. . .]

Die Zeitläufte sind Ihnen nicht immer so günstig gesonnen gewesen. Und gäbe es diesen, mit Ihrem Namen verbundenen Preis nicht, aus dessen Anlaß ich mir die Freiheit nehme, zu Ihnen zu reden –: lieber Doktor, ich fürchte, es wäre heute wesentlich stiller um Sie.

Zumindest hätten nicht so erstaunlich viele zeitgenössische Schriftsteller büchnerpreisbedacht so urplötzlich ihre Seelenverwandtschaft mit Ihnen oder Sie gar als Leitstern, als Vorbild entdeckt. So daß man sich wirklich fragen muß: Hat es eigentlich in Deutschland keine anderen politischen, human-revolutionären Schriftsteller gegeben, als immer und immer nur Sie? Ja, kann man als unabhängiger Autor nicht zur Not auch ohne Vorbild, ohne revolutionäres Anlehnungsbedürfnis, ohne sprachlich-stilistische Anleihen aus dem vorigen Jahrhundert auskommen?«

Büchner-Preis-Reden 1972–1983. Mit einem Vorw. von Herbert Heckmann. Stuttgart 1984. S. 208, 215. – Mit Genehmigung von Wolfdietrich Schnurre, Berlin.

ERICH FRIED (1921–88): Aus der Büchner-Preis-Rede von 1987:

»[. . .] jener Büchner, der in seinem *Hessischen Landboten* als eine Grundlage seiner Gesellschaftskritik als Erster in Deutschland die Statistik angewendet hat, wie hätte er die Milliarden und Milliarden, verschwendet auf sinnlose Kriegsrüstungen auf Erden und gar im Weltraum, mit der Zahl der alljährlich verhungernden Kinder in Verbindung gebracht? Hätte er sich die Anprangerung dieses Verbrechens gegen die Menschheit (– wie man das in Nürnberg nannte und mit dem Tode bestrafte! –) und derer, die das mitmachen und dulden und den Mund halten, entgehen lassen? Hätte er nicht statistisch berechnet, daß allein schon die Ausgaben für die Weltraumrüstung soviel Menschheitsvermögen vergeuden, daß bei Einsparung eines kleinen Bruchteils davon kein Kind, überhaupt kein Mensch, verhungern müßte? Hätte er nicht berechnet, daß die Zahl der Menschen, die, wegen der nun jahrzehntelangen Verschwendung unserer Hilfsmittel auf diese Rüstung, gestorben sind, schon längst weit größer ist als selbst die Zahl derer, die der große Stalin, der Meister aus Rußland, auf dem Gewissen hatte?«

Büchner-Preis-Reden 1984–1994. Hrsg. von der Deutschen Akademie für Sprache und Dichtung. Vorw. von Herbert Heckmann. Stuttgart 1994. S. 95. – © 1996 Verlag Klaus Wagenbach, Berlin.

WOLF BIERMANN (geb. 1936): Aus der Büchner-Preis-Rede von 1991:

»Und Büchners politische Umtriebe: die illegale Gründung einer geheimen ›Gesellschaft der Menschenrechte‹ in Gießen. Der *Hessische Landbote* – ein aggressiver Traum mit statistischen Stacheln! Aber das wahre Wunder an diesem Menschen ist, daß er auf zwei Beinen ging. Unter lauter tagespolitischen Vierfüßlern und abgehobenen Einbeinern

war Georg Büchner ganz ein Dichter und zugleich ganz ein
Mann der politischen Tat.

Seine aufklärerische Hetzschrift für die Bauern in Hessen
hat die Sprachkraft der Bibel und hatte damals die Sprengkraft einer Anarchistenbombe. Freilich, Sie wissen ja, es
versagte der Zünder.

Im Juni 1833 schrieb der junge Mann an seine Familie
nach Darmstadt:

> Ich werde zwar immer meinen Grundsätzen gemäß
> handeln, habe aber in neuerer Zeit gelernt, daß nur das
> notwendige Bedürfnis der großen Masse Umände-
> rungen herbeiführen kann, daß alles Bewegen und
> Schreien der einzelnen vergebliches Torenwerk ist. Sie
> schreiben – man liest sie nicht; sie schreien – man hört
> sie nicht; sie handeln, man hilft ihnen nicht [...] Ihr
> könnt voraussehen, daß ich mich in die Gießener Win-
> kelpolitik und Kinderstreiche nicht einlassen werde.

Wir wissen, das sollte eine Beruhigungspille für die Eltern sein. Gut ein Jahr und einen Monat später ließ Büchner
sich nämlich doch ein, er machte genau solch einen todern-
sten Kinderstreich zusammen mit einem Häuflein Verein-
zelter: *Der Hessische Landbote* wurde heimlich gedruckt
und sollte illegal verbreitet werden. – Für diese Tat aus ver-
taner Druckerschwärze bewundern wir Büchner und lieben
ihn, obwohl wir ja wissen, daß diese Flugschrift gar nichts
bewirkte. Büchner und seine paar Freunde erreichten nicht
einmal ein Zipfelchen jener ›großen Masse‹, von der er behauptet, sie allein könne etwas in der Gesellschaft verändern. Keiner der gemeinten Adressaten kam damals überhaupt an das Pamphlet ran. Nur wenige Schwache lasen die
starken Worte, geschweige denn tat irgendwer danach.

Wie es so geht, ein Spitzel war außerdem noch im Spiel.
So tappten diese paar Freiheitsfreunde in die Falle, sie gin-
gen verschütt und kaputt. Büchner entkam mit viel Glück.
Bei Wissembourg sprang er über die rettende Grenze in das

Elend des Exils. Die einzigen wirklich guten Leser seiner Hetzschrift blieben damals des Verfassers Todfeinde, es waren die Zensoren mit der feinen Nase und die erbarmungslosen Vollstrecker, es waren hirnlose Gedankenbüttel und scharfsinnige Plattköpfe in der Justiz. Die revolutionssüchtigen Worte unseres Dichters führten also nicht zu dem, was man so Taten nennt.

[...]

Das weiß ja jeder: In finsteren Zeiten sieht es so aus, als hätten die Mächtigen für ewig die Sonne ausgeknipst. Solche menschengemachte Nacht dauert oft länger, als mancher von uns dauert. Aber helle Sterne gibt es trotz alledem, auch wenn ich sie durch die Wolken aus Regen und aus Rauch nicht seh'. Es waren immer einzelne gute und mutige Menschen, die stehn für die Menschheit. Sie sind Stern am Himmel und ein Schluck Wahrheit in den Wüsten der Lüge. In den Zeiten des *Hessischen Landboten* waren es Namen wie Weidig, Minningerode, Schütz und Zeuner. In den Zeiten der Unterdrückung unter Ulbricht und Honecker gab es genau solche Menschen auch, und ich könnte die dreißig Minuten, die ich hier rede, einfach verbrauchen für die Aufzählung der Namen.

[...]

Wenn ich wieder und wieder lese, denke ich: Wie würde ein *Hessischer Landbote* in unseren Tagen aussehn? Auch er wäre bös gespickt mit aufreizenden Statistiken, Zahlen über die Karriere von Nazirichtern nach '45 im Westen, Zahlen über die Vergeudung von Steuergeldern für hohe Pensionen an Völkermörder. Das Pamphlet wäre angereichert mit empörenden Fakten über deutsche Firmen, die Massenvernichtungswaffen an Libyen, Syrien, den Irak, den Iran, Südafrika, Chile, Pakistan und ähnliche Musterdemokratien verscheuert haben. Solch ein Pamphlet würde Material über die Mafia der Stasi-Seilschaften beim Leichenfleddern an DDR-Betrieben liefern und womöglich spektakuläre Enthüllungen über die krummen Finger der Treuhand. Solch eine Streitschrift wäre vielleicht, wie damals auch, ohne geschichtliche Wirkung, aber in Büchners lutherstarker Sprache ein Bestseller mit Honoraren statt Strafen für den Autor und mit einem Gewinn für den Verleger. Ist das etwa kein Fortschritt?«

Wolf Biermann: Der Lichtblick im gräßlichen Fatalismus der Geschichte. Büchner-Preis-Rede. In: W. B.: Der Sturz des Dädalus. Köln 1992. S. 49–51, 54, 60. – © 1992 Verlag Kiepenheuer & Witsch, Köln.

Literaturhinweise

I. Abkürzungen und Siglen

Dedner/Oesterle	Burghard Dedner / Günter Oesterle (Hrsg.): Zweites Internationales Georg Büchner Symposium 1987. Referate. Frankfurt a. M. 1990. (Büchner-Studien. 6.)
DWb	Deutsches Wörterbuch. [Begr.] von Jakob Grimm und Wilhelm Grimm. 32 Bde. [Bd. 1–16 in 32 Tln.] Leipzig 1854–1960. Erg.-Bd.: Quellenverzeichnis. Ebd. 1971. – Reprogr. Nachdr. 33 Bde. München 1984.
GB I/II	Georg Büchner I/II. Hrsg. von Heinz Ludwig Arnold. München 1979. ²1982. (Text + Kritik. Sonderband.)
GB III	Georg Büchner III. Hrsg. von Heinz Ludwig Arnold. München 1981. (Text + Kritik. Sonderband.)
GBJb	Georg Büchner-Jahrbuch. Bd. 1 ff. 1981 ff.
HA	Georg Büchner: Sämtliche Werke und Briefe. Hist.-krit. Ausg. mit Kommentar. Hrsg. von Werner R. Lehmann. Bd. 1: Dichtungen und Übersetzungen. Hamburg 1967. München ³1979. Bd. 2: Vermischte Schriften und Briefe. Hamburg 1971. München 1972. [Hamburger bzw. Hanser-Ausgabe.]
HL	Hessischer Landbote
Katalog Darmstadt	Georg Büchner 1813–1837. Revolutionär, Dichter, Wissenschaftler. Der Katalog [zur] Ausstellung Mathildenhöhe Darmstadt. 2. August bis 27. September 1987. Basel / Frankfurt a. M. 1987.
Katalog Marburg	Georg Büchner. Leben, Werk, Zeit. Katalog [der] Ausstellung zum 150. Jahrestag des *Hessischen Landboten*. Bearb. von Thomas Michael Mayer. Marburg 1985. ³1987.
MA	Georg Büchner: Werke und Briefe. Münch-

	ner Ausgabe. Hrsg. [und komm.] von Karl Pörnbacher, Gerhard Schaub, Hans-Joachim Simm und Edda Ziegler. München/Wien: Hanser, 1988. München: Deutscher Taschenbuch Verlag, 1988. ⁵1995.
Martens	Wolfgang Martens (Hrsg.): Georg Büchner. Darmstadt 1965. ³1973. (Wege der Forschung. 53.)
Mayer, Chronik	Thomas Michael Mayer: Georg Büchner. Eine kurze Chronik zu Leben und Werk. In: Georg Büchner I/II. Hrsg. von Heinz Ludwig Arnold. München 1979. ²1982. S. 357–425. [GB I/II.]

II. Literatur zu Georg Büchner

1. Erstdrucke und Faksimile-Neudrucke
des *Hessischen Landboten*

Der Hessische Landbote. Erste Botschaft. Darmstadt, im Juli 1834 [Offenbach: Carl Preller, 1834].

Der hessische Landbote. Erste Botschaft. Darmstadt, im Nov. 1834 [Marburg: Ludwig August Rühle, 1834].

[Franz] Georg Büchner – Friedrich Ludwig Weidig: Der Hessische Landbote. 1834. [Faksimile-]Neudruck beider Ausgaben mit einem Nachwort von Eckhart G. Franz. Marburg: Elwert, 1973.

Georg Büchner / Friedrich Ludwig Weidig: Der Hessische Landbote. Juli-Druck 1834. Frankfurt a. M.: Athenäum-Verlag 1987. [Bd. 1 der Reprint-Edition: Georg Büchner: Gesammelte Werke. Erstdrucke und Erstausgaben in Faksimiles. 10 Bändchen in Kassette. Hrsg. von Thomas Michael Mayer. Frankfurt a. M. 1987.]

Georg Büchner / Friedrich Ludwig Weidig / Leopold Eichelberg: Der hessische Landbote. November-Druck 1834. Frankfurt a. M.: Athenäum-Verlag 1987. [Bd. 2 der Reprint-Edition: Georg Büchner: Gesammelte Werke. Erstdrucke und Erstausgaben in Faksimiles. 10 Bändchen in Kassette. Hrsg. von Thomas Michael Mayer. Frankfurt a. M. 1987.]

2. Einzelausgaben des *Hessischen Landboten*

Der hessische Landbote. Von Georg Büchner. Sowie des Verfassers Leben und politisches Wirken von Dr. Eduard David. München: Ernst, 1896. (Sammlung gesellschaftswissenschaftlicher Aufsätze. H. 10.)

Georg Büchner: »Friede den Hütten! Krieg den Palästen!« Hrsg. und eingeleitet von Kurt Pinthus. Berlin: Rowohlt, 1919. (Umsturz und Aufbau. Erste Flugschrift.)

Der Hessische Landbote. Mainz: Mainzer Presse, 1929. [Hergestellt wurden 150 Exemplare für die Vereinigung der Darmstädter Buchfreunde.]

Georg Büchner. Der Hessische Landbote. Einführung von Laurenz Wiedner. Zürich: Pegasus Verlag, 1945. (Der Staat als Wirklichkeit. Bd. 1.)

Georg Büchner. Der Hessische Landbote. Mit einer hist.-biogr. Einführung von Fritz Bergemann. Leipzig: Volk und Buch Verlag, 1947. (Die Humboldt-Bücherei. Bd. 2.)

[Enzensberger]   Georg Büchner / Ludwig Weidig. Der Hessische Landbote. Texte, Briefe, Prozeßakten. Kommentiert von Hans Magnus Enzensberger. Frankfurt a. M.: Insel-Verlag, 1965. (sammlung insel. 3.)

[Zahl]   Georg Büchner. Der Hessische Landbote. Hrsg. von Peter-Paul Zahl. Berlin [um 1968]. (zwergschul-ergänzungsheft. 4.)

Gerhard Schaub: Georg Büchner / Friedrich Ludwig Weidig: Der Hessische Landbote. Texte, Materialien, Kommentar. München/Wien: Hanser, 1976. (Reihe Hanser. Literatur-Kommentare. 1.) [Zit. als: Schaub, 1976.]

Georg Büchner / Friedrich Ludwig Weidig: Der Hessische Landbote. Mit einem Nachwort von Eckhart G. Franz und sechs Radierungen von Leo Leonhard. Darmstadt: H. L. Schlapp, 1987.

3. Gesamtausgaben

Nachgelassene Schriften. [Hrsg. von Ludwig Büchner.] Frankfurt a. M.: Sauerländer, 1850.

Sämtliche Werke und handschriftlicher Nachlaß. Erste kritische Gesamtausgabe. Eingel. und hrsg. von Karl Emil Franzos. Frankfurt a. M.: Sauerländer, 1879.

Gesammelte Schriften. Hrsg. von Paul Landau. 2 Bde. Berlin: Cassirer, 1909.

Sämtliche Werke und Briefe. Auf Grund des handschriftlichen Nachlasses Georg Büchners hrsg. von Fritz Bergemann. Leipzig: Insel-Verlag, 1922.

Sämtliche Werke und Briefe. Hist.-krit. Ausg. mit Kommentar. Hrsg. von Werner R. Lehmann. Bd. 1: Dichtungen und Übersetzungen mit Dokumentationen zur Stoffgeschichte. Hamburg: Wegner [1967]. München: Hanser, ³1979. Bd. 2: Vermischte Schriften und Briefe. Hamburg: Wegner, 1971. München: Hanser, 1972.

Gesammelte Werke. Erstdrucke und Erstausgaben in Faksimiles. 10 Bändchen in Kassette. Hrsg. von Thomas Michael Mayer. Frankfurt a. M.: Athenäum-Verlag, 1987.

Werke und Briefe. Münchner Ausgabe. Hrsg. [und kommentiert] von Karl Pörnbacher, Gerhard Schaub, Hans-Joachim Simm und Edda Ziegler. München/Wien: Hanser, 1988. München: Deutscher Taschenbuch Verlag, 1988. ⁵1995.

Sämtliche Werke, Briefe und Dokumente in zwei Bänden. Hrsg. von Henri Poschmann. Bd. 1: Dichtungen. Hrsg. von Henri Poschmann unter Mitarbeit von Rosemarie Poschmann. Frankfurt a. M.: Deutscher Klassiker Verlag, 1992. (Bibliothek deutscher Klassiker. 84.)

4. Dokumentationen

a) Bibliographien

Schlick, Werner: Das Georg Büchner-Schrifttum bis 1965. Eine internationale Bibliographie. Hildesheim 1968.

Knapp, Gerhard P.: Kommentierte Bibliographie zu Georg Büchner. In: GB I/II, S. 426–455.

Mayer, Thomas Michael [u. a.]: Georg Büchner-Literatur 1977 bis 1980. In: GBJb 1 (1981) S. 319–350.

Bischoff, Bettina / Mayer, Thomas Michael / Wißkirchen, Hans: Georg Büchner-Literatur 1981–1984 [mit Nachträgen]. In: GBJb 4 (1984) S. 363–406.

Lietz, Christine / Mayer, Thomas Michael / Stockmann, Kristina: Georg Büchner-Literatur 1985–1987 [mit Nachträgen]. In: GBJb 6 (1986/87) S. 407–456.

Lietz, Christine / Mayer, Thomas Michael: Georg Büchner-Literatur 1988/89 [mit Nachträgen]. In: GBJb 7 (1988/89) S. 415–437.

b) Forschungsberichte

Knapp, Gerhard P.: Georg Büchner. Eine kritische Einführung in die Forschung. Frankfurt a. M. 1975.

Mayer, Thomas Michael: Zu einigen neueren Tendenzen der Büchner-Forschung. Ein kritischer Literaturbericht. Tl. 1. In: GB I/II, S. 327–356. Tl. 2. In: GB III, S. 265–311.

c) Briefe, Chronik, Wortindex, Kommentar

Georg Büchner: Briefwechsel. Kritische Studienausgabe von Jan-Christoph Hauschild. Basel/Frankfurt a. M. 1994.

Mayer, Thomas Michael: Georg Büchner. Eine kurze Chronik zu Leben und Werk. In: GB I/II, S. 357–425.

Rössing-Hager, Monika: Wortindex zu Georg Büchners Dichtungen und Übersetzungen. Berlin 1970.

Hinderer, Walter: Büchner-Kommentar zum dichterischen Werk. München 1977.

d) Büchner-Preis-Reden

Büchner-Preis-Reden 1951–1971. Mit einem Vorw. von Ernst Johann. Stuttgart 1972 [u. ö.] (Reclams Universal-Bibliothek. 9332.)

Büchner-Preis-Reden 1972–1983. Mit einem Vorw. von Herbert Heckmann. Stuttgart 1984. (Reclams Universal-Bibliothek. 8011.)

Büchner-Preis-Reden 1984–1994. Hrsg. von der Deutschen Akademie für Sprache und Dichtung. Vorwort Herbert Heckmann. Stuttgart 1994. (Reclams Universal-Bibliothek. 9313.)

e) Dokumentationen zur Büchner-Rezeption

Goltschnigg, Dietmar (Hrsg.): Materialien zur Rezeptions- und Wirkungsgeschichte Georg Büchners. Kronberg i. Ts. 1974.
– Büchner im »Dritten Reich«. Mystifikation – Gleichschaltung – Exil. Eine Dokumentation. Bielefeld 1990.

Dedner, Burghard (Hrsg.): Der widerständige Klassiker. Einleitungen zu Büchner vom Nachmärz bis zur Weimarer Republik. Frankfurt a. M. 1990.

5. Gesamtdarstellungen

Baumann, Gerhart: Georg Büchner. Die dramatische Ausdrucks-
welt. Göttingen 1961. 2., durchges. und erg. Aufl. 1976.

Benn, Maurice B.: The Drama of Revolt. A Critical Study of Georg
Büchner. Cambridge [u. a.] 1976.

Grab, Walter / Mayer, Thomas Michael (Mitarb.): Georg Büchner
und die Revolution von 1848. Der Büchner-Essay von Wilhelm
Schulz aus dem Jahr 1851. Text und Kommentar. Königstein i. Ts.
1985.

Hauschild, Jan-Christoph: Georg Büchner. Studien und neue Quellen zu Leben, Werk und Wirkung. Mit zwei unbekannten Büch-
ner-Briefen. Königstein i. Ts. 1985. [Zit. als: Hauschild, 1985.]

– Georg Büchner mit Selbstzeugnissen und Bilddokumenten.
Reinbek bei Hamburg 1992. (rowohlts monographien. 503.)

– Georg Büchner. Biographie. Stuttgart/Weimar 1993.

Jancke, Gerhard: Georg Büchner. Genese und Aktualität seines
Werkes. Einführung in das Gesamtwerk. Kronberg i. Ts. 1975.
³1979.

Knapp, Gerhard P.: Georg Büchner. 2., neu bearb. Aufl. Stuttgart
1984. (Sammlung Metzler. 159.)

Kobel, Erwin: Georg Büchner. Das dichterische Werk. Berlin / New
York 1974.

Mayer, Hans: Georg Büchner und seine Zeit. Frankfurt a. M. 1972.

Poschmann, Henri: Georg Büchner. Dichtung der Revolution und
Revolution der Dichtung. Berlin/Weimar 1983. ³1988.

Reddick, John: Georg Büchner. The Shattered Whole. Oxford 1994.

Richards, David G.: Georg Büchner and the Birth of the Modern
Drama. Albany 1977.

Thorn-Prikker, Jan: Revolutionär ohne Revolution. Interpreta-
tionen der Werke Georg Büchners. Stuttgart 1978.

Viëtor, Karl: Georg Büchner. Politik. Dichtung. Wissenschaft. Bern
1949.

Wittkowski, Wolfgang: Georg Büchner. Persönlichkeit. Weltbild.
Werk. Heidelberg 1978.

6. Untersuchungen zum *Hessischen Landboten*
und zum Büchner/Weidig-Kreis

Armstrong, William Bruce: Nackt und gebückt: Work in the *Hessische Landbote* and *Woyzeck*. In: Neue Germanistik. The Graduate Journal of Germanic Studies (Minneapolis, Minn.) 2 (1981/82) S. 7–10.

– »Arbeit« und »Muße« in den Werken Georg Büchners. In: GB III, S. 63–98 [zum HL bes. S. 63–69.]

Arnsberg, Gad: Der dornige Pfad zur Revolution. Der Büchner/Weidig-Kreis und die württembergischen Verschwörer. In: Dedner/Oesterle, S. 84–109.

Bastian, Eckart: Gedanken zur Interpretation und Behandlung des *Hessischen Landboten* in Klasse 8. In: Deutschunterricht (Berlin/DDR) 24 (1971) S. 334–340.

Berthold, Siegwart: Der *Hessische Landbote* von Georg Büchner und Ludwig Weidig. In: Doitsu bungaku kenkyu (Universität Kyoto) Nr. 18, März 1971. S. 1–23.

Braun, Harald: Das politische und turnerische Wirken von Friedrich Ludwig Weidig. Ein Beitrag zur Geschichte der revolutionären Bestrebungen im deutschen Vormärz. 2. erg. Aufl. St. Augustin 1983.

Chekhouni, Haysam: Zwischen Voluntarismus und Resignation. Sozialkritische Untersuchung zu Georg Büchners Gesellschaftsauffassung anhand des *Hessischen Landboten* und *Dantons Tod*. Mag.-Arb. Berlin 1972. [Masch.]

Diehl, Wilhelm: Minnigerode's Verhaftung und Georg Büchners Flucht. In: Hessische Chronik 9 (1920) S. 5–18.

Fritz, Jürgen W.: Carl Preller, der Drucker des *Hessischen Landboten*. Vom Kampf der Republikaner im Vormärz. Offenbach 1984.

Grab, Walter: Georg Büchners *Hessischer Landbote* im Kontext deutscher Revolutionsaufrufe 1791–1848. In: Dedner/Oesterle, S. 65–83. [Zit. als: Grab 1990.]

– Die revolutionäre Agitation und die Kerkerhaft Leopold Eichelbergs. Ein jüdischer Demokrat aus dem Umkreis Georg Büchners. In: W. G.: Der deutsche Weg der Judenemanzipation 1789–1938. München/Zürich 1991. S. 73–107.

Hamamoto, Takashi: Zum Problem des Volkes in Georg Büchners Werken – im Zusammenhang mit einer Würdigung des *Hessischen Landboten*. [Japan. mit deutscher Zusammenfassung.] In: Doitsu bungaku ronkô H. 19 (1977) S. 49–69.

Holmes, Terence M.: Druckfehler und Leidensmetaphern als Fingerzeige zur Autorschaft einer *Landboten*-Stelle. In: GBJb 5 (1985) S. 11–17.

Immelt, Kurt: Der *Hessische Landbote* und seine Bedeutung für die revolutionäre Bewegung des Vormärz im Großherzogtum Hessen-Darmstadt. In: Mitteilungen des Oberhessischen Geschichtsvereins N. F. 52 (1967) S. 13–77.

Klotz, Volker: Agitationsvorgang und Wirkprozedur in Büchners *Hessischem Landboten*. In: Literaturwissenschaft und Geschichtsphilosophie. Festschrift für Wilhelm Emrich. Hrsg. von Helmut Arntzen [u. a.]. Berlin / New York 1975, S. 388–405.

Mayer, Thomas Michael: Umschlagporträt. Statt eines Vorworts: In: GB I/II. S. 5–15. [Zit. als: Mayer, 1979a.]

– Büchner und Weidig – Frühkommunismus und revolutionäre Demokratie. Zur Textverteilung des *Hessischen Landboten*. In: GB I/II. S. 16–298. [Zit. als: Mayer, 1979b.]

– Georg Büchner und der *Hessische Landbote*. Volksbewegung und revolutionärer Demokratismus in Hessen 1830–1835. Ein Arbeitsbericht. In: Die demokratische Bewegung in Mitteleuropa im ausgehenden 18. und frühen 19. Jahrhundert. Ein Tagungsbericht. Bearb. und hrsg. von Otto Büsch und Walter Grab. Berlin 1980. S. 360–390.

– Die Verbreitung und Wirkung des *Hessischen Landboten*. In: GBJb 1 (1981) S. 68–111.

– Die ›Gesellschaft der Menschenrechte‹ und *Der Hessische Landbote*. In: Katalog Darmstadt, S. 168–186.

Mihm, Karl: Alex. Friedrich Ludwig Weidig. Ein Beitrag zur Geschichte des vormärzlichen Liberalismus. In: Archiv für hessische Geschichte und Altertumskunde N. F. 15 (1927) S. 348–384 und S. 574–608.

Müller-Nielaba, Daniel: Das Loch im Fürstenmantel. Überlegungen zu einer Rhetorik des Bildbruchs im *Hessischen Landboten*. In: Colloquia Germanica 27 (1994) S. 123–140.

Noellner, Friedrich: Actenmäßige Darlegung des wegen Hochverraths eingeleiteten gerichtlichen Verfahrens gegen Pfarrer D. Friedrich Ludwig Weidig [. . .]. Darmstadt 1844.

Pabst, Reinhard: Zwei Miszellen zu den Quellen von *Dantons Tod*. In: GBJb 6 (1986/87) S. 261–268.

Saviane, Renato: Libertà e necessità. *Der Hessische Landbote* di Georg Büchner. In: Annali dell'Istituto Universitario Orientale di Napoli. Sezione Germanica. Studi Tedeschi 19 (1976) H. 2. S. 7–119.

Schaub, Gerhard: Statistik und Agitation. Eine neue Quelle zu Büchners *Hessischem Landboten*. In: Geist und Zeichen. Festschrift für Arthur Henkel zu seinem sechzigsten Geburtstag. Hrsg. von Herbert Anton [u. a.]. Heidelberg 1977. S. 351–375.

Schirmbeck, Peter: Der *Hessische Landbote*. Ein Beitrag zur Beurteilung seines politischen Hintergrundes. Mag.-Arb. Frankfurt a. M. 1971. [Masch.]

[Schulz, Wilhelm:] Der Tod des Pfarrers Dr. Friedrich Ludwig Weidig. Ein actenmäßiger und urkundlich belegter Beitrag zur Beurtheilung des geheimen Strafprozesses und der politischen Zustände Deutschlands. Zürich/Winterthur 1843. Fotomech. Neudr. Leipzig 1975.

Schulz, Wilhelm: Rezension der ›Nachgelassenen Schriften von G. Büchner‹ [1851]. In: Walter Grab unter Mitarbeit von Thomas Michael Mayer: Georg Büchner und die Revolution von 1848. Der Büchner-Essay von Wilhelm Schulz aus dem Jahr 1851. Text und Kommentar. Königstein i. Ts. 1985. S. 51–82. [Zit. als: Schulz 1851.]

– / Welcker, Carl: Geheime Inquisition, Censur und Kabinetsjustiz im verderblichen Bunde. Schlußverhandlung mit vielen neuen Actenstücken über den Prozeß Weidig. Karlsruhe 1845.

Viëtor, Karl: Georg Büchner als Politiker. Bern ^{2}1950.

Weickhardt, Ludwig (Hrsg.): Dr. Friedrich Ludwig Weidig. Das Lebensbild eines aufrechten deutschen Mannes. Butzbach 1969.

Weidig, Friedrich Ludwig: Gesammelte Schriften. Hrsg. von Hans-Joachim Müller. Darmstadt 1987.

Wender, Herbert: Büchner oder Weidig als Verfasser der ›Menschenrechtserklärung‹ im *Hessischen Landboten*? [Unveröffentlichtes Manuskript. Saarbrücken 1995.]

III. Allgemeine Literatur zum politischen, sozialgeschichtlichen und publizistischen Kontext des *Hessischen Landboten*

Ay, Karl-Ludwig: Das Frag- und Antwortbüchlein des Darmstädtischen Offiziers Friedrich Wilhelm Schulz. In: Zeitschrift für bayerische Landesgeschichte 35 (1972) S. 728–770.

Büttner, Siegfried: Die Anfänge des Parlamentarismus in Hessen-Darmstadt und das du Thilsche System. Neustadt a. d. Aisch 1969.

Crößmann, Christoph: Die Unruhen in Oberhessen im Herbste 1830. Darmstadt 1929.

Eckel, Marianne: Die politische Presse Hessens von 1830 bis 1850. Würzburg 1938.

Görisch, Reinhard / Mayer, Thomas Michael (Hrsg.): Untersuchungsberichte zur republikanischen Bewegung in Hessen 1831–1834. Frankfurt a. M. 1982.

Grab, Walter: Dr. Wilhelm Schulz aus Darmstadt. Weggefährte von Georg Büchner und Inspirator von Karl Marx. Frankfurt a. M. / Olten / Wien 1987.

Ilse, L[eopold] Fr[iedrich]: Geschichte der politischen Untersuchungen, welche durch die neben der Bundesversammlung errichteten Commissionen, der Central-Untersuchungs-Commission zu Mainz und der Bundes-Central-Behörde zu Frankfurt in den Jahren 1819 bis 1827 und 1833 bis 1842 geführt sind. Frankfurt a. M. 1860. Reprogr. Nachdr. Hildesheim 1975.

Krüger, Paul: »Hochverräterische Unternehmungen« in Studentenschaft und Bürgertum des Vormärz in Oberhessen (bis 1838). In: Mitteilungen des Oberhessischen Geschichtsvereins N.F. 49/50 (1965) S. 73–136.

[Mathis, Ludwig Emil]: Darlegung der Haupt-Resultate aus den wegen der revolutionären Complotte der neueren Zeit in Deutschland geführten Untersuchungen. Auf den Zeitabschnitt mit Ende Juli 1838. Frankfurt a. M. [1839].

Ruckhäberle, Hans-Joachim: Flugschriftenliteratur im historischen Umkreis Georg Büchners. Kronberg i. Ts. 1975.

[Schäffer, Martin]: Actenmäßige Darstellung der im Großherzogthume Hessen in den Jahren 1832 bis 1835 stattgehabten hochverrätherischen und sonstigen damit in Verbindung stehenden verbrecherischen Unternehmungen. Darmstadt 1839.

Spangenberg, Ilse: Hessen-Darmstadt und der Deutsche Bund 1815–1848. Saarbrücken 1967.

Wagner, Georg Wilhelm Justin: Allgemeine Statistik des Großherzogthums Hessen. Darmstadt 1831. [G. W. J. W.: Statistisch-topographisch-historische Beschreibung des Großherzogthums Hessen. Bd. 4: Statistik des Ganzen. Darmstadt 1831.]

Verzeichnis der Abbildungen

Der Verlag Philipp Reclam jun. dankt für die Nachdruckgenehmigung den Rechteinhabern, die durch den Quellennachweis oder einen folgenden Copyrightvermerk bezeichnet sind. Für einige Autoren waren die Inhaber der Rechte nicht festzustellen. Hier ist der Verlag bereit, nach Anforderung rechtmäßige Ansprüche abzugelten.

Nachwort

Entstehung, Druck, Verbreitung und Wirkung

Der *Hessische Landbote* (HL) – nach Wilhelm Schulz »ein Meisterstück in seiner Art und unbedingt das Bedeutendste, was seit den s.g. Befreiungskriegen die revolutionäre und populäre Presse Deutschlands aufzuweisen hat« (Schulz, 1851, S. 60) – ist die erste – publizierte – literarische Schrift Büchners. Wie der Dichter, so überrascht auch der politische Publizist Büchner gleich bei seinem ersten und einzigen Auftreten in der subbürgerlichen Öffentlichkeit mit einem großen schriftstellerisch-agitatorischen Wurf. Doch so unvorbereitet und unvorhersehbar, wie das auf den ersten Blick erscheinen mag, betritt Büchner keineswegs die literarische und publizistische Szene, hat doch der künftige Agitator und Schriftsteller bereits in seiner Schulzeit wichtige literarische Lehrjahre und stilistische Vorübungen in Form eines intensiven Rhetorikunterrichts absolviert, ohne die der spätere rhetorische Publizist und Dichter kaum denkbar ist.[1]

Was die Laufbahn des politischen Publizisten und Agitators angeht, so hat Büchner bereits in seiner ersten Straßburger Studienzeit – Ende 1832 – eine »politische Abhandlung« zu schreiben geplant, jedoch angeblich »keine Zeit mehr« (MA, S. 277) für die Realisierung dieses Vorhabens gefunden. Ob er dann irgendwann zu Anfang des Jahres 1834, als er durch Vermittlung August Beckers (1814–71) den Butzbacher Rektor Friedrich Ludwig Weidig (1791 bis 1837) kennengelernt haben soll, neue und konkretere publizistisch-politische Pläne im Kopf hat, muß dahingestellt bleiben. Sicher scheint jedoch, daß er den Kontakt zu Weidig, der zentralen Gestalt der oberhessischen Oppositions-

---

1 Vgl. Gerhard Schaub, *Georg Büchner und die Schulrhetorik. Untersuchungen und Quellen zu seinen Schülerarbeiten*, Bern/Frankfurt a. M. 1975.

bewegung, gesucht und dabei »eindeutig politische Absichten« (Enzensberger, S. 55) verfolgt hat. Sein wichtigstes politisches Projekt dürfte schon in der Zeit der ersten Kontaktaufnahme die Gründung revolutionärer Geheimgesellschaften nach dem Vorbild der ihm wahrscheinlich von Straßburg her bekannten ›Société des droits de l'homme et du citoyen‹ gewesen sein. Jedenfalls hat Büchner dann im März 1834, wahrscheinlich »unmittelbar nach dem 9.–12.« (Mayer, Chronik, S. 374), in Gießen eine erste Sektion seiner ›Gesellschaft der Menschenrechte‹ gegründet, deren Zweck u. a. in der Herstellung und Verbreitung von revolutionären Flugschriften bestand und aus deren »Mitte« der HL »hervorgegangen« ist (Noellner, S. 114).

Schon in der Gründungsphase der Gießener ›Gesellschaft der Menschenrechte‹, vermutlich bei einer der ersten Zusammenkünfte der Sektionäre, hat sich Büchner – nach den von Thomas Michael Mayer ausfindig gemachten Akten und Verhörprotokollen zum Prozeß gegen die oberhessische Oppositionsbewegung um Weidig, Büchner und Eichelberg – zur Abfassung »einer Flugschrift verbindlich gemacht« und Becker sowie die übrigen »Freunde zu Ähnlichem aufgefordert« (zit. nach: Mayer, Chronik, S. 374). Nachdem er sich – wohl um die Mitte des März – in Butzbach bei Weidig die für die statistischen Zahlenangaben und das Argumentationsgerüst des HL als Quelle und Vorlage benutzte *Allgemeine Statistik des Großherzogthums Hessen* von G. W. J. Wagner (vgl. Schaub, 1976, S. 65–67) besorgt hat, macht sich Büchner in Gießen »etwa zwischen dem 13. und 25.« März (Mayer, Chronik, S. 374) an die Abfassung der geplanten – von Weidig später *Der Hessische Landbote* betitelten – Flugschrift, deren erste, allein von Büchner konzipierte und formulierte, im Manuskript nicht erhaltene, kaum rekonstruierbare Fassung der Autor mit größter Wahrscheinlichkeit vor seiner Abreise nach Straßburg, d. h. vor Ende März 1834 fertiggestellt hat. – Nach Hauschild (1993, S. 314) könnte Büchners Entwurf des HL bereits »im

»Könnte aber auch ein ehrlicher Mann jetzo Minister seyn oder
bleiben, so wäre er, wie die Sachen stehn in Deutschland, nur eine
Drahtpuppe, an der die fürstliche Puppe zieht und an dem fürstlichen Popanz zieht wieder ein Kammerdiener oder ein Kutscher
oder seine Frau und ihr Günstling, oder sein Halbbruder – oder alle
zusammen.« (16,15–21)

[Drahtpuppen.] Radierung von Leo Leonhard.

Januar/Februar 1834 entstanden sein, während Beckers Abwesenheit von Gießen« (Mitte Januar bis Anfang/Mitte Februar 1834) und »im Anschluß an einen Besuch bei Weidig in Butzbach.« – Während der österlichen Semesterferien (Ende März bis Ende April), die Büchner zuerst in Straßburg und vermutlich ab Mitte April in Darmstadt verbringt, wird das Manuskript der Flugschrift in Gießen aufbewahrt (vgl. Mayer, Chronik, S. 424, Anm. 6) und von August Becker, da Büchners Handschrift »durchaus unleserlich« ist, »in's Reine geschrieben« (Noellner, S. 423). Nach Büchners Rückkehr nach Gießen (die Vorlesungen des Sommersemesters 1834 beginnen am 28. April) wird das vom Verfasser vielleicht noch einmal durchgesehene Manuskript des HL in der Beckerschen Abschrift Ende April oder (wahrscheinlicher) Anfang Mai von Gustav Clemm (1814–66) und August Becker nach Butzbach zu Weidig gebracht, »um es durch seine Vermittlung drucken zu lassen« (zit. nach: Mayer, 1979b, S. 163). »Daß Weidig dies ohne vorherige Bearbeitung verweigern würde, scheint man in Gießen trotz einiger warnender Indizien nicht erwartet zu haben, sonst würde Büchner vielleicht doch selbst mit nach Butzbach gekommen sein« (Mayer, 1979b, S. 163). Nach der Lektüre des Büchnerschen Entwurfs erklärt Weidig den Überbringern gegenüber, »daß die konstitutionellen Revolutionärs sich von uns trennen würden, wenn sie die heftigen Invektiven gegen die Reichen läsen, und daß daher diese, sowie auch die Ausfälle gegen die landständische Opposition ausgelassen und durch Anderes ersetzt werden müßten« (zit. nach: Mayer, 1979b, S. 163). Solche eher taktisch gemeinte Kritik darf nicht darüber hinwegtäuschen, daß Weidig die agitatorische Zugkraft des Büchnerschen Textes offenbar sofort erkannt hat, kann er doch »der Flugschrift einen gewissen Grad von Beifall nicht versagen«, ja meint er doch sogar, »sie müsse vortreffliche Dienste tun, wenn sie verändert werde« (Noellner, S. 423). Um dies in Angriff nehmen zu können, behält Weidig das Manuskript zurück, wobei allerdings offenbleiben muß, ob er schon vor Beginn seiner ihn um Mitte Mai vor allem ins Rhein-Main-Gebiet führenden Organisations- und Werbereise für die Volksagitation nach der Art des *Hessischen Landboten* (vgl. Mayer, 1979b, S. 159–182), d. h. in der ersten Maihälfte, zu einer abschließenden Bearbeitung und teilweisen Neufassung des überbrachten Manuskripts gekommen ist oder ob er sich erst nach der spätestens in der letzten Juniwoche erfolgten Rückkehr von dieser Reise an die schriftliche Überarbeitung gemacht hat. Ziemlich sicher ist nur, »daß die prinzipielle Linie einer Bearbeitung für Weidig schon nach der ersten Lektüre [des *Landboten*-Manuskripts Anfang Mai] feststand« (Mayer, 1979b, S. 167).

Ein nicht unwichtiges Datum in der Entstehungsgeschichte des HL ist die Versammlung auf der zwischen Marburg und Gießen gelegenen Badenburg am 3. Juli, eine auf Anregung und Einladung Weidigs zustande gekommene Zusammenkunft der hessen-darmstädtischen und kurhessischen Demokraten und Liberalen zur Gründung eines geheimen ›Preßvereins‹ für die Agitation durch Flugschriften. Mit der Begründung, daß der in Büchners Fassung propagierte »Kampf der Armen gegen die Reichen« die »Wirkung stören« würde, »weil selbst in jedem Dörfchen der Unterschied zwischen arm und reich bestehe« und man daher anstelle der »Reichen« die »Vornehmen« sagen müsse (zit. nach: Mayer, 1979b, S. 241), versteht es Weidig bei den Diskussionen auf der Badenburger Versammlung, »gegen Büchner ein verbindliches Plazet für seine im wesentlichen wohl schon erfolgte oder wenigstens genau konzipierte Bearbeitung« (Mayer, Chronik, S. 380) des Büchnerschen Entwurfs zu erhalten. Damit war für Büchner die letzte und wohl überhaupt einzige Chance dahin, den HL vielleicht doch noch in der von ihm gewünschten Form gedruckt zu sehen. Zwei Tage nach der Badenburger Versammlung, am Abend des 5. Juli 1834, holen dann Jakob Friedrich Schütz (1810–77) und Büchner das druckfertige, möglicherweise noch einer letzten Revision unterzogene Manuskript des HL bei Weidig in Butzbach ab, von wo sie – versehen mit einem Empfehlungsschreiben Weidigs an den Buchdrucker Carl Preller (1802–77) – »noch in derselben Nacht ihre Weiterreise« antreten (zit. nach: Mayer, Chronik, S. 383), um den in Botanisierbüchsen versteckten *Landboten* in Offenbach zum Druck zu befördern. Am 31. Juli wird die in der Offizin des Druckers und Buchhändlers Carl Preller gedruckte erste Ausgabe des HL, deren Auflagenhöhe Mayer (im Nachwort zu seinem Faksimile-Neudruck der Juli-Fassung des HL von 1987) auf »etwa 1200 Exemplare« schätzt, von Karl Minnigerode (1814–94), Jakob Friedrich Schütz und Karl Zeuner (geb. 1812) aus der Offenbacher Druckerei abgeholt und von dort nach Darmstadt, Friedberg, Butzbach und Gießen gebracht. Der nach Gießen zurückkehrende Minnigerode wird aufgrund einer erneuten Denunziation des zum Butzbacher Weidig-Kreis gehörenden Konrad Kuhl (1794–1855) am Abend des 1. August am Gießener Selzertor »mit nicht weniger als 139« (Noellner, S. 221) in Rock und Stiefeln verborgenen *Landboten*-Exemplaren verhaftet.

Um seine Freunde, Mitverschworenen und Mithelfer bei der *Landboten*-Aktion von der Verhaftung Minnigerodes in Kenntnis zu setzen und zu warnen, eilt Büchner noch in derselben Nacht (vom 1. auf den 2. August) zunächst nach Butzbach und von dort weiter nach Offenbach und kehrt über Frankfurt, Vilbel und Butzbach am 5. August nach Gießen zurück, wo er – die Flucht nach vorn antretend – sogleich bei dem Universitätsrichter Konrad Georgi (1799 bis 1857) vorspricht, um sich wegen der Verletzung von Rechten bei der in seiner Abwesenheit erfolgten Hausdurchsuchung zu beschweren. Durch sein forsches und kaltblütiges Auftreten sowie durch stichhaltige Alibis für seine Reise gelingt es Büchner, den Gießener Universitätsrichter Georgi, der Büchner aufgrund einer Verfügung des Darmstädter Ministeriums des Innern und der Justiz als den mutmaßlichen, von Kuhl verratenen Verfasser des HL verhaften soll, so zu verunsichern und zu düpieren, daß dieser »*die befohlene Verhaftung nicht zu vollziehen*« wagt (Diehl, S. 16). Büchner bleibt den August über noch in Gießen, geht dann aber auf Drängen der Eltern und wegen der in Gießen unsicherer werdenden Situation im September nach Darmstadt, wo er die Reorganisation der von ihm in der zweiten Aprilhälfte gegründeten Sektion der ›Gesellschaft der Menschenrechte‹ betreibt, seit Anfang Oktober Quellen und Darstellungen zur Französischen Revolution studiert und wohl auch exzerpiert, im Januar und Februar 1835 die als Druckvorlage benutzte Reinschrift von *Dantons Tod* niederschreibt, bis er schließlich Anfang März ins Ausland nach Straßburg flieht.

Trotz der Verhaftung Minnigerodes und der damit verbundenen Konfiszierung vieler *Landboten*-Drucke kommt es im August und September 1834 zur »Verbreitung der überwiegend nicht beschlagnahmten Exemplare des *Landboten*« (Mayer, Chronik, S. 384) vor allem in den Dörfern um Butzbach und Gießen. Ob die Bauern tatsächlich »die meisten gefundenen Flugschriften« (Noellner, S. 425) – wie Becker später in apologetischer Absicht aussagt – freiwillig an die Behörden abgeliefert haben, muß sehr in Zweifel gezogen werden, wissen doch die neu entdeckten Akten »mit Ausnahme eines einzigen Falles aus Butzbach« (Mayer, Chronik, S. 385) nichts von solchen Ablieferungen zu berichten.

So wie die Verbreitung des HL, die übrigens nach einem Plan Weidigs »entweder an Einem Tage, oder doch möglichst gleichzeitig« (zit. nach: Mayer, 1979b, S. 178) von verschiedenen Verteilerpunkten aus erfolgen sollte, um der Polizei ein Schnippchen zu schlagen und ihr die Recherchen zu erschweren, keinesfalls als gescheitert betrachtet werden darf, so darf auch die Wirkung der Flugschrift auf die angesprochenen Bauern, Handwerker und Landarbeiter nicht zu gering veranschlagt werden. Im Gegenteil: Nach August

Becker, der später als freier Mann den HL die einzige »für
die unterste Volksklasse« geschriebene, »deutsche politische« Flugschrift nennt, »die zum Verständnis und Herz
des Volks gelangt« sei (A. B., *Die Volksphilosophie unserer
Tage*, Neumünster b. Zürich 1843, S. 29), hat Weidig eine
Reihe von »Bauern gesprochen«, »auf welche der Landbote
einen ungewöhnlichen Eindruck gemacht habe« (Schäffer,
S. 54). Und eine »Gruppe offenbar nicht lesekundiger Landarbeiter«, denen die Flugschrift vorgelesen wird, ist immerhin so beeindruckt von dem Gehörten, »daß sie auch um
den Preis eines Meineides ›nichts davon auszusagen‹ bereit«
ist (Mayer, Chronik, S. 385).

Die erfreuliche Resonanz der Juli-Auflage sowie vor allem die ministerielle Auflösung des hessen-darmstädtischen
Landtags am 24. Oktober 1834 und die dadurch gegebene
Möglichkeit der publizistischen Einwirkung auf die bevorstehenden Neuwahlen scheinen Weidig im Herbst 1834
dazu veranlaßt zu haben, eine neue Auflage des HL anzuregen und zum Druck vorzubereiten. Druckvorlage für den
Neudruck ist ein korrigiertes, inhaltlich jedoch von Weidig
»nur an wenigen Stellen nachweislich oder vermutlich«
(Mayer, Chronik, S. 388) verändertes Exemplar des Erstdrucks vom Juli, das der Student Franz Karl Weller im November zum Druck nach Marburg bringt. Drucker ist der
durch den Marburger praktischen Arzt und ehemaligen Pri-
vatdozenten Leopold Eichelberg (1804–79) für illegale
Druckaufträge gewonnene Faktor der Elwertschen Buch-
druckerei in Marburg, Ludwig August Rühle, der außerhalb der Dienstzeit und ohne Mitwissen des Verlagsinha-
bers Noa Gottfried Elwert (1807–73) Satz und Druck der
neuen Auflage besorgt. Rühle gibt später im Verhör an: die
handschriftlichen »Zusätze« zum Juli-Druck des HL seien
»von verschiedener Handschrift« gewesen; die Zusätze hätten auf kleinen separaten »Blättchen« gestanden, die »nach
bestimmten Zeichen in den Haupttext« eingerückt werden
mußten; und zumindest eins dieser »Blättchen« habe er

»mit Wahrscheinlichkeit für die Handschrift des Eichelberg« gehalten (zit. nach: Mayer, 1979b, S. 248, und Mayer, Chronik, S. 388). Als Mitverfasser des Zweitdrucks vom November 1834 ist außer Büchner und Weidig also noch Leopold Eichelberg zu nennen. Nachdem Rühle im November »in mehreren«, ihm »sehr sauer gewordenen« Nächten (Franz, 1973, S. 10) an die 400 Exemplare der Zweitfassung des HL für 10 Taler Honorar ausgedruckt hat, transportieren der Marburger Medizinstudent Gustav von Stockhausen und August Becker je einen Teil der fertigen Exemplare nach Gießen zu den verbliebenen Mitgliedern der dortigen ›Gesellschaft der Menschenrechte‹ sowie nach Obergleen zu dem seit Anfang September dorthin strafversetzten Weidig. Verbreitet werden die Exemplare der November-Auflage von Dezember 1834 bis März 1835 »vor allem von Gießen, Butzbach, Obergleen und Alsfeld aus an zahlreichen Orten beider Oberhessen« (Mayer, Chronik, S. 388). Die Distribution der November-Fassung des HL und anderer revolutionärer Flugschriften erfolgt so lange, bis Anfang April 1835 – ausgelöst durch den Verrat Gustav Clemms – eine Verhaftungswelle im kurhessischen Marburg und anschließend auch im Großherzogtum Hessen einsetzt, die Eichelberg, Becker, Weidig und viele andere hessische Oppositionelle ins Zuchthaus bringt.

Hauptquellen: Finanzstatistik und Bibel

Aufgrund seiner Revolutionsstrategie von den zwei »Hebeln«, die man zur Mobilisierung und Revolutionierung des Volkes ansetzen müsse, nämlich: »materielles Elend und *religiösen Fanatismus*« (MA, S. 319), mußte Büchner fast zwangsläufig auf die beiden hierfür wohl am besten geeigneten Argumentations- und Agitations-Quellen der Finanzstatistik und der Bibel stoßen. Wollte Büchner, wie es seiner August Becker gegenüber erklärten Absicht entsprach, den hessischen Bauern »zeigen und vorrechnen, daß sie einem Staate angehören, dessen Lasten sie größtenteils tragen müssen, während andere den Vorteil davon beziehen« (Noellner, S. 421), so konnte er seine Argumente und Belege aus keiner anderen Quelle als aus der Finanz- und Steuerstatistik des Großherzogtums Hessen schöpfen. Daß Büchner zu diesem Zweck bei Weidig tatsächlich »eine Statistik vom Großherzogthum« (Noellner, S. 422) entliehen hat, ist durch eine Aussage Beckers bezeugt. Diese während der Arbeit am HL benutzte Statistik war der 4. Band der *Statistisch-topographisch-historischen Beschreibung des Großherzogthums Hessen* von Georg Wilhelm Justin Wagner (Darmstadt: Leske, 1831), der die *Statistik des Ganzen* oder – wie es auf dem separaten Nebentitelblatt heißt – die *Allgemeine Statistik des Großherzogthums Hessen* enthält. Wie aus dem »Subskribenten-Verzeichnis« im 1. Band der statistischen *Beschreibung* von Wagner hervorgeht (vgl. Bd. 1, Darmstadt 1829, S. XV), war Weidig Subskribent und damit Besitzer dieser Statistik. Die Statistik Wagners war Büchner wahrscheinlich aus dem Geschichtsunterricht des letzten Schulhalbjahrs (1830/31) bekannt, in dem die »Geschichte, Geographie und Statistik des Großherzogthums Hessen« behandelt wurden.[2] In dem ›Finanzwesen‹ überschriebenen Kapitel des 4. Bandes der Wagnerschen Statistik (S. 295–319), das die Staats-Einnahmen und die Staats-Ausgaben des Großherzogtums Hessen für die Finanzperiode 1830 bis 1832 detailliert aufführt, findet sich das gesamte von Büchner benutzte und ausgewertete finanzstatistische Zahlenmaterial.

Die andere Quelle, aus der die Verfasser des HL wichtiges Argumentationsmaterial für ihre Agitation bezogen, war die Bibel. Die durch nichts als ihn selbst beglaubigte Aussage August Beckers, daß »die«, d. h. sämtliche »bibli-

2 Vgl. Schaub (s. Anm. 1), S. 109, Anm. 13.

schen Stellen« (Noellner, S. 423) des HL von Weidig
seien, ist für die meisten Büchner-Forscher Beweis genug
gewesen, die Bibelstellen der Flugschrift der alleinigen Ver-
fasserschaft Weidigs zuzuschreiben. Dabei wird zumeist
übersehen, daß zu Büchners Topik effektiver Flugschriftenliteratur für das Volk unbedingt die Benutzung der Bibel als
Argumentationsquelle gehört. Adam Koch, ein Mitglied der
von Büchner gegründeten Darmstädter ›Gesellschaft der
Menschenrechte‹, hat ausgesagt, Büchner habe im Erschei-
nungsjahr des HL die Meinung vertreten, man müsse »den
revolutionären Hebel« der Flugschriften am »materiellen
Elend des Volks« ansetzen und dabei seine »Überzeugungs-
gründe aus der Religion des Volks hernehmen«, d. h., man
müsse »in den einfachen Bildern und Wendungen« der Bibel »die heiligen Rechte der Menschen erklären« (s. S. 125
des vorliegenden Bandes unter ›Materialien‹). Daher wird
man Büchner nicht länger von der Mitautorschaft an den
zahlreichen Bibelstellen des HL ausschließen dürfen. In
diesem Sinne hat übrigens schon ein Zeitgenosse und guter
Bekannter Büchners, Wilhelm Schulz, in seiner Rezension
der *Nachgelassenen Schriften von G. Büchner* aus dem Jahre
1851 erklärt, Weidig habe »*Büchner's* ›Landboten‹ einige biblische Stellen beigefügt« (Schulz, 1851, S. 72).

Wer von den beiden Verfassern des HL welche Bibelzitate an welchen Textstellen eingesetzt hat, wird sich mit
letzter Sicherheit nur in Ausnahmefällen genau eruieren lassen. Nach den plausiblen Untersuchungen Thomas Michael
Mayers zu den mutmaßlichen Anteilen Büchners und Weidigs am Text der Juli-Fassung zu urteilen, wird man jedoch
davon ausgehen können, daß in der ersten Texthälfte des
Juli-Drucks die Bibelstellen zum größten Teil von Büchner,
in der zweiten Texthälfte dagegen in der Regel von Weidig
stammen dürften, wobei es freilich durchaus möglich, ja
wahrscheinlich ist, daß Weidig der ersten – vermutlich weitgehend Büchners Originaltext reproduzierenden – Texthälfte von sich aus die eine oder andere Bibelstelle hinzu-

gefügt hat, wie er umgekehrt in die zweite Texthälfte auch einmal ein Bibelzitat aus dem wahrscheinlich sonst nur stellenweise berücksichtigten Schlußteil von Büchners März-Fassung übernommen haben mag.

Der Nachweis von Bibelstellen in den Zeilenanmerkungen muß sich aus Platzgründen auf die Ermittlung eindeutiger Bibelzitate und Bibelanspielungen beschränken. Daß sich Weidig und Büchner, die beide evangelisch-lutherischer Konfession waren, bei der Abfassung ihrer Flugschrift an den ihnen und ihren Adressaten geläufigen Text der Lutherbibel hielten, bedarf keiner weiteren Erklärung oder Begründung; dies um so weniger, als sie sich mit dem HL vornehmlich an die Bevölkerung der Provinz Oberhessen wandten, die um 1830 zu 92,5 % aus Evangelischen (Lutheraner, Reformierte und Vereinigte zusammengenommen, davon fast 80 % Lutheraner) und nur zu 4,7 % aus Katholiken (und zu 2,7 % aus Juden) bestand (vgl. hierzu Wagner, S. 69–74).

Die Bibel und die Finanzstatistik sind – rhetorisch gesprochen – die beiden wichtigsten ›Inventionsquellen‹, aus denen der HL seine Argumente schöpft. Bei solch heterogenen Argumentationsquellen ist es naheliegend, nach dem Verhältnis der beiden im HL verwendeten Argumentationsverfahren, des biblischen und des statistischen, sowie nach ihrer Angemessenheit und Wirksamkeit[3] im Hinblick auf das im HL angesprochene bäuerliche Publikum zu fragen.

Mögen sich das statistische und das biblische Argumentationsverfahren auch streckenweise ergänzen, unterstützen und abwechseln, so ist es doch auffällig, daß die Statistik – wie Volker Klotz festgestellt hat – »im Lauf des ›Landboten‹ mehr und mehr von der Bibel übertrumpft« wird, »die am Ende völlig das rhetorische Feld beherrscht« (Klotz,

---

3 Zur Wirksamkeit und Angemessenheit der Bibelsprache vgl. u. a. Schaub, 1976, S. 49–54.

1975, S. 399). Dieser Befund legt die Vermutung nahe, daß die vor allem im zweiten Teil des HL gehäuft auftretenden Bibelstellen von Weidig und Büchner wahrscheinlich bewußt eingesetzt und plaziert worden sind als Mittel der rhetorischen Gegensteuerung gegen das in der ersten Hälfte des HL dominierende statistische Argumentationsverfahren, bei dem die Gefahr bestand, daß es von den angesprochenen Bauern als zu wissenschaftlich-rational und ungewohnt empfunden wurde. »Eine strikt sachliche Bestandsaufnahme ihrer Notlage mit notwendig radikalen Korrekturvorschlägen, die auf den höheren Fahrtwind des Heiligen Geistes verzichtete, käme bei den Bauern nicht an. Einer nichts als hiesig-irdischen Argumentation würden sie, solcher Ansprache ungewohnt, sich verschließen.« (Klotz, 1975, S. 398)

Wenn bei den Bauern der Nach-Juli-Zeit etwas nützte, »so waren es Bibelzitate, nicht Statistiken« (Enzensberger, 1965, S. 51). Zwar vermögen Statistiken »ein schlichtes Publikum in achtungsvolles Staunen zu versetzen«, weil sie in der Lage sind, es »mit Beträgen« zu konfrontieren, »deren Höhe, gemessen an seinen eigenen kümmerlichen Haushaltszahlen, alles erdenkliche Maß sprengt« (Klotz, 1975, S. 398 f.); sie hatten aber in der Vormärzzeit wahrscheinlich keinen festen Platz im Bewußtseinshaushalt der Unterschichten (anders war dies bei den bürgerlich-liberalen Publikum der Mittel- und Oberschichten), so daß das statistische Argumentationsverfahren bei den bäuerlichen Adressaten des HL wohl eher auf Befremden als auf Verständnis gestoßen sein dürfte. Die mangelnde Gewöhnung der Bauern an statistisches Zahlenmaterial sowie die partielle Fehleinschätzung ihrer Rezeptionsvoraussetzungen könnten ein Grund dafür gewesen sein, daß die Wirkung des HL auf die bäuerliche Bevölkerung, die – wie oben belegt – gewiß nicht gering war, wohl doch nicht ganz so groß gewesen ist, wie sie sich die Autoren der Flugschrift möglicherweise erhofft haben. Jedenfalls könnte die exzessive finanzstatistische Argumentation der Flugschrift einer noch größeren Wirkung des HL abträglich gewesen sein.

Die Anwendung des statistischen und biblischen Argumentationsverfahrens im HL war – jedes der beiden für sich betrachtet – nichts Neues in der Geschichte der politischen Flugschriftenliteratur im Vormärz. Was neu an der Argumentationsstruktur des HL gewesen ist, war die »Verbindung von biblischer Rhetorik und finanzstatistischer Analyse« (Hauschild, 1993, S. 290) in *einem* Text.

Zu den Anteilen Büchners und Weidigs am Text der Juli-Fassung

Die aus der Entstehungsgeschichte des HL seit Friedrich Noellners *Actenmäßiger Darlegung* von 1844 bekannte Tatsache, daß die Flugschrift, genauer: ihre Juli-Auflage, zwei Verfasser hat, ist für Herausgeber des *Landboten* seit Karl Emil Franzos (1879)[4] Eduard David (1896) und Fritz Bergemann (1922 ff.) immer wieder Anlaß und Anreiz gewesen, die mutmaßlichen Anteile Büchners und Weidigs am Text der Juli-Fassung zu sondieren und zu eruieren und sie durch Anwendung zweier verschiedener Drucktypen (meist der Antiqua für Büchner und der Kursive für Weidig) voneinander zu unterscheiden. Als Argumentationsbasis für die Zuschreibung von Textstellen und Textpassagen an Büchner und Weidig dienten lange Zeit ausschließlich die Verhöraussagen August Beckers, der 1837 erklärte, außer dem Titel und dem Vorbericht stammten »die biblischen Stellen, so wie überhaupt der Schluß« (Noellner, S. 422–424) von Weidig.

---

4 Franzos erstellte in seiner Büchner-Ausgabe von 1879 in einer »Anmerkung« zum *Landboten* »ein Verzeichniß jener Stellen«, »welche gewiß oder höchst wahrscheinlich nicht von Büchner«, sondern von Weidig »herrühren« (S. 285 f.).

Die scheinbar unmißverständlichen Aussagen Beckers zur Textverteilung des HL haben jedoch keineswegs zu einer derartig einheitlichen Zuschreibung geführt, daß die verschiedenen Herausgeber (abgesehen vom Titel und Vorbericht) jeweils die gleichen Textstellen des *Landboten* dem einen oder dem anderen Verfasser zuerkannt hätten.

So unbefriedigend, unsystematisch, zum Teil in sich widersprüchlich, oft nur das eigene »Stilgefühl« bemühend die Versuche Davids und Bergemanns zur Frage der Textverteilung des HL sind, so insgesamt überzeugend, aufschlußreich, philologisch und interpretatorisch gut abgesichert und belegt ist die von Thomas Michael Mayer vorgelegte Untersuchung zu dieser Frage (vgl. Mayer, 1979b, S. 183 bis 287), deren Hauptergebnisse hier referiert werden sollen. Nach Mayers Hauptthese verrät der Drucktext der Juli-Fassung ungefähr in der Mitte, d. h. »nach dem genuin Büchnerschen Bild« von den »Lampen [. . .], aus denen man mit dem Fett der Bauern illuminirt« (20,10 f.), »einen derart tiefen Bruch«, daß das Vorstehende, d. h. ungefähr die erste Hälfte des Textes, auf ein »überarbeitetes Manuskript Büchners schließen« lasse, während das Nachstehende, d. h. die gesamte zweite Texthälfte, »auf ein integrales Manuskript Weidigs« hindeute (Mayer, 1979b, S. 267). Mit anderen Worten: Die handschriftliche Druckvorlage des Juli-Drucks setzte sich nach Mayer aus zwei unterschiedlichen Autographen zusammen: die erste Hälfte der Druckvorlage bis zu dem besagten »Bruch« war Beckers Abschrift des Büchnerschen Manuskripts, die Weidig – abgesehen von punktuellen Änderungen in Form von Wortersetzungen (vgl. Mayer, 1979b, S. 269) – wahrscheinlich nur an vier oder fünf kleineren Stellen durch am Rand notierte und notierbare Zusätze handschriftlich bearbeitet hat, ohne sonst weiter in die Struktur des Büchnerschen Textes einzugreifen, während »die gesamte zweite Hälfte des ›Landboten‹-Textes« etwa ab der Stelle: »Das alles duldet ihr, weil euch Schurken sagen: ›diese Regierung sey von Gott‹« (20,11–13) »in Weidigs

Handschrift und Formulierung zum Setzer und Drucker
Preller gelangte« (Mayer, 1979b, S. 256 f.). Zur Stützung seiner Annahme »zweier mutmaßlicher Handschriften etwa
gleicher Länge« (Mayer, 1979b, S. 267) führt Mayer zwei
neuaufgefundene Verhöraussagen über das Aussehen der
präsumtiven Druckvorlage an, aus denen hervorgeht, »daß
die Schriftzüge des Manuskripts nicht von einer und derselben Hand, sondern von mehreren Händen herrührten« (zit.
nach: Mayer, 1979b, S. 183), daß die Druckvorlage höchstwahrscheinlich die Beckersche Abschrift des Büchnerschen
Manuskripts »in veränderter Gestalt« (zit. nach: Mayer,
1979b, S. 184), d. h. in der Umarbeitung und teilweisen
Neufassung durch Weidig, gewesen ist. Gegenüber diesen
Indizien ist der Hinweis auf Beckers Bemerkung, von Weidig stamme »überhaupt der Schluß« der Flugschrift,
nicht sonderlich überzeugend, denn diese Formulierung
läßt sich wohl kaum, wie Mayer überinterpretiert, »auf fast
exakt die ganze letzte Hälfte des *Hessischen Landboten* beziehen« (Mayer, 1979b, S. 229).

Aufgrund der aus der Entstehungsgeschichte der Flugschrift gewonnenen Einsicht, daß der im Juli gedruckte Text
»nicht im eigentlichen Sinn einen ›Kompromiß‹« oder eine
Gemeinschaftsarbeit zwischen Büchner und Weidig dar-
stelle, sondern daß er »nach dem Votum der Badenburger
Versammlung ganz überwiegend dem Belieben und der
maßgeblichen Bearbeitung Weidigs« entspreche, weshalb
dieser »ihn letztlich« auch »verantworte«, kommt Mayer zu
der wichtigen methodischen Konsequenz, daß bei künftigen
Zuschreibungsversuchen »eher der Büchner-Text im Weidig-Text erkannt und nachgewiesen werden« müsse »als
umgekehrt« (Mayer, 1979b, S. 243). Dies gilt insbesondere
für den zweiten, Weidigschen Teil des Textes, in den der
Butzbacher Rektor »wörtlich oder wie modifiziert auch immer« sicher »einzelne Gedanken, Bilder, Inhalte« und wohl
auch ganze Sätze »aus Büchners Fassung« (Mayer, 1979b,
S. 266) übernommen hat. Beim ersten, Büchnerschen Text-

teil empfiehlt sich dagegen – aufgrund der Annahme, daß hierfür als Druckvorlage »das ursprüngliche Manuskript« (Noellner, S. 424) Büchners in Beckers Abschrift diente – das umgekehrte Verfahren, nämlich nach Weidig-Spuren und -Zusätzen im vermutlich relativ homogenen, nur leicht modifizierten Büchner-Text zu suchen.

Bei seinem subtilen und gründlichen Rekonstruktionsversuch ist sich Mayer durchaus des »philologischen Dilemmas« bewußt, »daß gerade der entscheidende handschriftliche Überlieferungsträger«, die Druckvorlage der Juli-Fassung, nicht erhalten ist und daß sich daher hinsichtlich der Frage der Textverteilung des HL auch »nie letzte Sicherheit erreichen lassen« wird (Mayer, 1979b, S. 186). Abgesehen von dieser philologischen Schwierigkeit soll abschließend noch ein hermeneutisches Problem angesprochen werden, das die zweifelsfreie Zuweisung von Textstellen an die beiden Autoren der Flugschrift so überaus schwierig macht.

Dieses auch von Mayer kaum berücksichtigte Problem besteht in der eminenten Adressatengebundenheit und -bezogenheit des HL. Ein Text, der wie der *Landbote* mit der Wirkungsabsicht und dem Wirkungsziel geschrieben und verbreitet wurde, eine bestimmte Bevölkerungsschicht eines bestimmten Landes, die hessischen Bauern, für die Revolution »zu gewinnen« (Noellner, S. 421), sie rebellionsbereiter und revolutionsgeneigter zu machen, ein solch wirkungs- und adressatenbezogener Text ist in seiner Struktur, seinem Aufbau, seiner Argumentation, seiner Aussage, seiner Stilgebung, ja bis in die Mikrostrukturen der Bilder, der Wortwahl und der Syntax hinein wesentlich durch die Rücksichtnahme auf und die Anpassung an die angesprochene Adressatengruppe der Bauern geprägt und prädisponiert. (Ein Blick in die Briefe Büchners genügt, um sich zu überzeugen, wie gut und genau sich Büchner auf den jeweiligen Empfänger seiner Briefe einzustellen und wie virtuos er dabei verschiedene Register zu ziehen versteht.) Den Text des HL so zu lesen und zu interpretieren, als sei er der unmittelbare,

bekenntnishafte, unretuschierte, authentische Ausfluß der
politischen, sozialen und ökonomischen Anschauungen seiner beiden Autoren, deren Anteile am Text man durch Vergleich mit anderen Weidig- und Büchner-Texten säuberlich
unterscheiden könne, ist vom Standpunkt des Rhetorikers
aus gesehen ein problematisches, ja naives Unterfangen.
Von der ›romantischen‹ Vorstellung einer angeblichen Un-
mittelbarkeit poetischer und anderer verbaler Äußerungen
scheint auch Mayer nicht ganz frei zu sein, wenn er neben
den vernichteten, internen Papieren Büchners für die Darmstädter ›Gesellschaft der Menschenrechte‹ auch und gerade
den »Entwurf des ›Hessischen Landboten‹« zu den »einzigen authentischen [. . .] Zeugnissen für Büchners ökonomische, soziale und strategisch-taktische Positionen« zählt
(Mayer, 1979b, S. 28).

Was die zu revolutionierenden und zu mobilisierenden
Adressaten angeht, so waren sich die beiden Verfasser der
Flugschrift in dieser Frage offenbar vollkommen einig (vgl.
Noellner, S. 304). Mögen Büchner und Weidig, die beide »a
priori von der Notwendigkeit einer gewaltsamen Volksre-
volution« ausgingen (Mayer, 1979b, S. 244), hinsichtlich der
Bedeutung einer solchen Revolution unterschiedlicher Ansicht gewesen sein (vgl. hierzu: Mayer, 1979b, S. 244), so
spielten solche Differenzen bei der Abfassung der Flugschrift sicher keine oder doch keine bedeutende Rolle. Die
beiden wichtigsten rhetorischen Faktoren und Aspekte bei
der ›Textkonstitution‹ des HL waren zweifellos die anzu-
sprechenden Adressaten und das intendierte Wirkungsziel
bzw. die verfolgte Wirkungsabsicht. Um ihrer gemeinsamen
Sache, d. h. der Abfassung einer wirkungsvollen, auf die
hessischen Bauern berechneten Flugschrift willen, werden
beide Autoren des HL – Büchner bereits in seiner Fassung
vom März und Weidig bei seiner Über- und Umarbeitung
des Textes – in Anbetracht ihres besonderen ›Publikums‹
gewisse Abstriche von ihren sonst vertretenen Anschauungen, Positionen und Konzeptionen gemacht und Register

der Sprach- und Stilgebung gezogen haben, die nicht unbedingt ihrem jeweiligen Personalstil entsprechen; wie ja
überhaupt bei der Unterscheidung Büchnerscher und Wei-
digscher Textanteile im HL als besonders erschwerend hin-
zukommt, daß das Medium bzw. Genre ›Flugschrift‹ von
alters her zu einer gewissen Anonymität des Stils tendiert.
Daß nicht nur die Aussage, die ›Botschaft‹, sondern gerade
auch der Stil eines Textes, besonders eines Gebrauchstextes,
gattungs-, gegenstands-, wirkungs- und adressatengebun-
den ist, ist eine rhetorische Binsenwahrheit, die den Text-
analytiker des *Landboten* davor bewahren kann, aufgrund
personalstilistischer Argumente und Indizien bestimmte
Textstellen in angeblich ›typisch‹ Büchnerschem oder Wei-
digschem ›Stil‹ voreilig dem einen oder dem anderen der
beiden Flugschriftsteller zuzuweisen. Damit soll keinesfalls
geleugnet werden, daß Büchner und Weidig nicht auch Stil-
eigentümlichkeiten und für sie charakteristische inhaltlich-
politische Konzeptionen und Vorstellungen in den Text des
HL eingebracht hätten. Auch sollen keineswegs die Berech-
tigung und Notwendigkeit von Rekonstruktionsversuchen
bezweifelt werden, die zur Lösung der ebenso schwierigen
wie interessanten Frage der Textverteilung im HL beitra-
gen. Vielmehr geht es hier lediglich darum, das hermeneuti-
sche Bewußtsein hinsichtlich der Problematik einer Methode der philologischen Textzuschreibung zu schärfen, die
vorwiegend mit Stil- und Inhaltsindizien operiert, ohne dabei – wie im Falle des HL – die Adressatengebundenheit
und Wirkungsbezogenheit des Textes in all seinen Berei-
chen gebührend zu berücksichtigen.

Die vorstehenden Überlegungen dürften bereits hinreichend begründen, warum in der vorliegenden Ausgabe darauf verzichtet wird, die mutmaßlichen Anteile Büchners
und Weidigs am *Landboten*-Text des Juli-Drucks durch un-
terschiedliche Drucktypen kenntlich zu machen. Gegen ein
solches Verfahren der Textdifferenzierung sprechen über-
dies editionsphilologische Bedenken, würde doch eine ty-

pographische Unterscheidung von präsumtiven Büchner-
und Weidig-Passagen einen gravierenden Eingriff in den
überlieferten Text darstellen, einen Eingriff, der das Lese-
und Rezeptionsverhalten gegenüber dem Text stark beein-
flussen und beeinträchtigen würde. Ein weiteres Argument
gegen eine Kenntlichmachung der jeweiligen Textanteile ist
die Uneinigkeit auch der neueren *Landboten*-Forschung
hinsichtlich der den beiden Autoren der Flugschrift zuzu-
schreibenden Textstellen. Wenn aber bei der Zuschreibung
keineswegs immer Einigkeit und Übereinstimmung herrschen, besteht für den in die überlieferte Textgestalt ein-
greifenden Editor die Gefahr, einen mehr oder weniger
arbiträren Herausgeber-Text herzustellen und damit den
überlieferten Text zu verfälschen.

Bei allen Versuchen, die Anteile Büchners und Weidigs
am HL zu bestimmen, muß man sich darüber im klaren
sein, daß »nur aufgrund handschriftlicher Befunde (und
auch dann nur unter idealen Überlieferungsbedingungen)«
die jeweiligen Textanteile der beiden Autoren »zweifelsfrei
voneinander zu trennen wären« (Hauschild, 1993, S. 317).
Handschriftliche Überlieferungsträger des Juli-Drucks aber
(wie etwa die Druckvorlage), denen man die Anteile ent-
nehmen könnte, haben sich bekanntlich nicht erhalten, und
so muß bei der Zuschreibung von Textpassagen an Büchner
oder Weidig notgedrungen vieles Spekulation bleiben.

Unterschiede
zwischen der Juli- und der November-Fassung

Bei der Erörterung und Beurteilung der Unterschiede zwischen den beiden Drucken des HL ist von folgenden, als
hinreichend gesichert anzusehenden, im wesentlichen die
veränderten Entstehungsbedingungen und -umstände des
Zweitdrucks vom November 1834 betreffenden, Fakten

und Informationen auszugehen: Die veränderte, an mehreren Stellen geringfügig gekürzte, um drei größere Passagen – insgesamt um eine Druckseite – erweiterte Neuauflage des HL ist höchstwahrscheinlich auf Initiative Weidigs zustande gekommen, der nach der Auflösung des hessen-darmstädtischen Landtags am 24. Oktober 1834 (dem vermutlichen terminus post quem) erneut ein überregionales Treffen und Geldsammlungen für weitere Flugschriftenaktionen anregte, darunter auch für eine spätestens zu diesem Zeitpunkt konkreter geplante Neuausgabe des *Landboten* (vgl. Mayer, Chronik, S. 388). Der Druck der modifizierten Neufassung wurde von dem Marburger Radikalliberalen Leopold Eichelberg in die Wege geleitet, der das von Weidig korrigierte und aktualisierte, als Druckvorlage dienende Exemplar des Juli-Drucks mit größter Wahrscheinlichkeit einer abschließenden Überarbeitung unterzogen hat, auf die Weidig offenbar keinen Einfluß mehr nehmen konnte. Wer einen Drucker gewonnen hatte bzw. über eine Druckerpresse verfügte, der hatte im oft kollektiven Herstellungsprozeß einer revolutionären Flugschrift zumeist das letzte und entscheidende Wort, was für Büchner sicher einer der Gründe dafür war, daß er sich im Herbst 1834 in Darmstadt so intensiv um die »Anschaffung einer [eigenen] Handpresse« bemühte (s. S. 126 der vorliegenden Ausgabe). Daß Eichelberg an der Veränderung und teilweisen Neufassung des Juli-Textes nicht unmaßgeblich beteiligt war, geht aus der oben zitierten Verhöraussage des Marburger Setzers und Druckers Rühle hervor.

Nach dieser neuaufgefundenen Aussage kann man nicht länger – wie bisher fast ausschließlich in der Büchner-Forschung – Weidig allein für die Textabweichungen der November- von der Juli-Fassung verantwortlich machen und ihm eine abermalige mildernde Tendenzverschiebung der Büchnerschen ›Original‹-Fassung unterstellen. Der von Mayer (Chronik, S. 388, und Mayer, 1979b, S. 248) vorgetragenen Argumentation ist vorbehaltlos zuzustimmen, wenn er auch in seiner Neigung, Eichelberg (und dessen Gruppe) einen größeren Anteil an den Abänderungen der November-Auflage zuzuschreiben als Weidig, etwas zu weit zu gehen scheint. Jedenfalls bedarf die thesenartige Behauptung, daß Weidig den als Druckvorlage benutzten Erstdruck vom Juli »nur an wenigen Stellen nachweislich oder vermutlich« (Mayer, Chronik, S. 388; vgl. auch Mayer, 1979b, S. 248) bearbeitet habe, noch einer genaueren Überprüfung. Dies schon deshalb, weil von den drei großen, bei der Druckvorlage auf gesonderten »Blättchen« niedergeschriebenen, »Zusätzen« zwei mit hoher Wahrscheinlichkeit von Weidig stammen. Bei diesen beiden Zusätzen (vgl. S. 15,32–17,13 und 27,34–29,10) handelt es sich um Texterweiterungen von 18 bzw. 12 Zeilen Umfang, die mit dem aktuellen politischen Geschehen im Großherzogtum Hessen seit Erscheinen des Erstdrucks im Juli zusammenhängen: mit der Verurteilung von Wilhelm Schulz zu strenger Festungshaft (vgl. 17,11–13), mit der vorzeitigen Pensionierung des Hofgerichtspräsidenten Ludwig Minnigerode (vgl. 17,7 f.), mit der Auflösung des Landtags (vgl. 17,2–5) sowie mit den dadurch notwendig gewordenen Neuwahlen, für welche die 2. Ausgabe des HL dadurch im Sinne der liberalen Oppositionspartei zu agitieren versucht, daß führende konservative Repräsentanten des Staates wie der leitende Staatsminister du Thil (vgl. 15,32–35 und 29,2–4), der Staatsrat Knapp (vgl. 15,35–17,1) und der neue Hofgerichtspräsident Weller (vgl. 17,9 f.) durch persönliche Invektiven attackiert, liberale Mitglieder des Landtags wie Gagern (vgl. 15,35 f.) oder Sympathisanten der liberalen Opposition wie Minnigerode oder bürgerliche Demokraten wie Schulz dagegen als Opfer staatlicher und gerichtlicher Willkür hingestellt werden.

Die Art der hier angewendeten Argumentation, die ›argumentatio ad hominem‹, ist exakt die von Weidig auch in seinen Flugschriften des *Leuchters und Beleuchters* bevorzugte Argumentationstechnik der persönlichen Invektiven, der »Einmischung von Persönlichkeiten«, die Becker, Büchner und Clemm »für unzulässig und zweckwidrig« hielten, während Weidigs »Absicht« – nach einer Aussage Clemms – »immer dahin« ging, »in den Flugschriften einzelne Staatsbeamte, auf die er es besonders gepackt hatte, anzugreifen und zu verleumden« (zit. nach: Mayer, 1979b, S. 161).

Neben Texterweiterungen gehen wahrscheinlich auch einige Textkürzungen, d. h. Streichungen im Juli-Druck, auf das Konto Weidigs. Hatte dieser – nach dem Zeugnis August Beckers – bereits im Erstdruck manches, »was gegen die s. g. liberale Partei gesagt war, weggelassen« (Noellner, S. 423) – einiges davon war, sei es aus Nachlässigkeit bei der Durchsicht, sei es vielleicht doch aus Rücksichtnahme gegenüber Büchner, gleichwohl stehengeblieben –, so könnte Weidig diese Änderungstendenz – sei es, um etwas Versäumtes nachzuholen, sei es aus taktischen Erwägungen der Marburger Gruppe um Eichelberg gegenüber – in der Zweitfassung punktuell verstärkt haben, indem er etwa den folgenden, liberale Wertvorstellungen und Errungenschaften geringschätzenden Satz der Juli-Fassung kurzerhand strich: »Was ist von Ständen zu erwarten, die kaum die elenden Fetzen einer armseligen Verfassung zu vertheidigen vermögen!« (26,24–26).

Was die vermutlich von Eichelberg veranlaßten und selbst vorgenommenen Textabänderungen angeht, so hat er später im Verhör angegeben, Weidig habe auf sein Drängen den »Vorbericht« für den Neudruck gestrichen, nachdem er, Eichelberg, »bei einem vorausgegangenen Zusammentreffen mit Weidig« – Ende September in Marburg (dies wäre der früheste terminus post quem der November-Fassung) – »das auf dem ersten Blatt abgedruckte N. B. an die Leser sehr gemißbilligt hatte« (zit. nach: Mayer, 1979b, S. 186). Auf Eichelberg dürfte darüber hinaus die Ersetzung des Begriffs »Vornehme« durch die Begriffe des »Fürsten«, des »Beamten des Fürsten« und des »Zwingherrn« (7,26, 9,3,

9,9) zurückgehen. Für diese von Thomas Michael Mayer begründete Vermutung spricht nicht nur die Tatsache, daß Eichelberg für die 6. Folge des *Bauern-Konversations-Lexikons* Ende 1834/Anfang 1835 den Artikel »Fürst« schrieb, sondern vor allem auch das Faktum, daß es ja gerade Weidig war, der in der Juli-Fassung anstelle der Büchnerschen »Reichen« die »Vornehmen« gesetzt hat (vgl. Noellner, S. 423), eine recht gravierende Umformulierung (vgl. hierzu: Mayer, 1979b, S. 239–245), die Weidigs Ziele und Intentionen »exakt« bezeichnet (Mayer, 1979b, S. 248), so daß für ihn keinerlei Notwendigkeit bestand, den von ihm eingebrachten Begriff der »Vornehmen« plötzlich fallenzulassen und durch einen neuen zu ersetzen.

Erst durch die von Eichelberg (oder einem der anderen Marburger Liberalen) vorgenommene Substitution des »Vornehmen« durch den »Fürsten« bzw. den »Beamten des Fürsten« werden die Besitzenden, die Reichen und Vornehmen, d. h. das obere Bürgertum, die aristocratie bourgeoise, von der Kritik und Polemik ausgenommen. Der in der Juli-Fassung an mehreren Stellen noch deutlich durchschimmernde, von Büchner apostrophierte ökonomische Gegensatz zwischen Arm und Reich wird in der November-Fassung durch die liberale Parole »Volk gegen Fürst« ersetzt, wobei hier zum »Volk« durchaus auch das obere Bürgertum zählt. Besonders deutlich manifestiert sich die erneute, jedoch kaum von Weidig verursachte Abschwächung der klassenkämpferischen, antibourgeoisen und antiliberalen Tendenz des Erstdrucks in der wohl eher Eichelberg als Weidig zuzutrauenden Streichung der folgenden Sätze: »sie [die höheren Beamten] haben die Häute der Bauern an, der Raub der Armen ist in ihrem Hause« (10,13 f.). »Das Gesetz ist das Eigenthum einer unbedeutenden Klasse von Vornehmen und Gelehrten, die sich durch ihr eignes Machwerk die Herrschaft zuspricht.« (10,28–31)

Ganz im Sinne liberaler Hoffnungen und Wünsche ist schließlich der – vermutlich von Eichelberg und/oder Franz

Karl Weller oder auch Sylvester Jordan stammende, in der Druckvorlage auf einem gesonderten »Blättchen« wahrscheinlich in der »Handschrift des Eichelberg« notierte – letzte große Einschub gegen Ende des Zweitdrucks (vgl. 35,10–36), in dem für die Überwindung der Kleinstaaterei und die Schaffung eines national geeinten Deutschland plädiert wird. Die Schilderung dieses gelobten Landes ist die einzige Passage des HL, die konkretere Angaben über die Beschaffenheit eines postrevolutionären Zustands in Deutschland enthält.

An den Abänderungen und Abweichungen der Zweitfassung lassen sich zwar schwerlich die ideologischen und politischen Differenzen zwischen Büchner und Weidig ablesen, wohl aber die kaum geringeren Unterschiede zwischen der »bourgeoisradikalen Marburger Gruppe« (Mayer, 1979b, S. 52) und Weidig verdeutlichen, der von Büchner »auf der Linken etwa ebensoweit« entfernt war »wie von Eichelberg auf der Rechten« (Mayer, 1979b, S. 243). Diese drei Namen können stellvertretend für drei ideologische Positionen innerhalb der (ober-)hessischen Oppositionsbewegung der Jahre 1830 bis 1835 stehen, deren politisches Spektrum »von Bourgeoisradikalen bis zu plebejischen Revolutionären reichte« (Mayer, 1979b, S. 180). Nach Mayer sind diese drei Positionen etwa wie folgt zu lokalisieren, zu etikettieren und zu differenzieren: Rechts eine Gruppe von »Radikalliberalen« bzw. »Bourgeoisradikalen«, d. h. vornehmlich die Marburger Gruppe um Eichelberg, die einen »bourgeoisrepublikanischen Revolutionarismus« vertrat und so weit ging, »die Bauernbewegung mit Flugschriften nach Art des ›Landboten‹ im wohlverstandenen Interesse gerade der ›Mittelklasse‹ ›am Schnürchen‹ zu halten, d. h. für den Umsturz zu benützen« (Mayer, Chronik, S. 381); in der Mitte der revolutionäre Demokrat Weidig mit seinen »kleinbürgerlich philanthropischen Vorstellungen von einer quasijakobinischen, brüderlichen Harmonie der verschiedenen bürgerlichen und subbürgerlichen ›Stände‹ im Ankampf gegen den ›Aristokratismus‹« (Mayer, Chronik, S. 381); Weidigs politischer Standort ist nach Mayer »in etwa, eine ›jakobinische‹ Position« (Mayer, 1979b, S. 244), auf die Gerhard Jancke Büchner festzulegen versucht; »und erst links von dieser Position« (Mayer, Chronik, S. 381) die nach Eichelbergs Formulierung »extravaganten Ansichten Clemms und Büchners«, nach denen »die Mittelklasse [...] für nichts mehr empfänglich« (zit. nach: Mayer, Chronik, S. 381) und »weder in der Revolution noch anschließend anders denn als Feind der ›niederen Volksklassen‹, d.h. der großen besitzlosen Masse ländlicher und städtischer Plebejer zu betrachten sei« (Mayer, Chronik, S. 381). Aufgrund einiger von ihm selbst und Ruckhäberle neuentdeckter Dokumente, die im Zusammenhang mit den Eigentumsvorstellungen der von Büchner gegründeten ›Gesellschaft der Menschenrechte‹ vom »Prinzip der Gütergemeinschaft«, vom »Vermögen« als »Gemeingut«, von gefährlichen, »zum Umsturz und Verderben« führenden »Ansichten über das Eigentum« sprechen (vgl. Mayer, 1979b, S. 25 f., 47), glaubt Mayer – da mit ›Gütergemeinschaft‹ bzw. ›Gemeingut‹ »nichts anderes als die frühkommunistische, neobabouvistische *communauté des biens*« (Mayer, 1979a, S. 6) bzw. der »babouvistische und neobabouvistische bien commun« (Mayer, 1979b, S. 26) gemeint sein kann –, Büchner erstmals dezidiert als einen neobabouvistischen, »revolutionären Frühkommunisten« oder als einen »revolutionär-utopistischen Kommunisten« bezeichnen und reklamieren zu können, »und zwar in dem Sinne, in dem dieser Begriff [des Kommunisten] nicht nur von der neueren Forschung zum französischen Neobabouvismus, sondern schon von Marx und Engels gebraucht wurde« (Mayer, 1979b, S. 23).

Mit dieser politischen Standortbestimmung, die den politisch kaum ›ausgegorenen‹ 21jährigen Studenten Büchner über Jancke hinaus noch ein Stück weiter nach links rückt, ja ihn der wohl avanciertesten Fraktion des französischen Frühkommunismus zuordnet, steht – wie Mayer nach der

Devise »Nur die Lumpe sind bescheiden« selbst erklärt –
»ein ganz neues Porträt Georg Büchners« (Mayer, 1979a,
S. 5), ein neues Büchner-Bild, zur Debatte, das als Kontro-
versthema die Forschung noch einige Zeit beschäftigen
dürfte. Bei aller verständlichen und berechtigten Entdecker-
freude Thomas Michael Mayers darf jedoch nicht übersehen
werden, daß dessen Büchner-Bild so neu nun wiederum
auch nicht ist, hat doch etwa Hans Mayer Büchner bereits
1946 einen »Babeuf-Schüler« genannt, in dem die »Tradition von Babeufs ›Verschwörung der Gleichen‹« lebendig
gewesen sei (H. Mayer, 1972, S. 157 f.), und hat doch auch
Ruckhäberle (allerdings wohl nicht ganz unabhängig von
Th. M. Mayer) einen »gewissen Einfluß babouvistischen
Denkens auf Georg Büchners revolutionäre Überlegungen«
festgestellt (Ruckhäberle, S. 230; vgl. auch S. 104).

Die Unterscheidung dreier Positionen bzw. Fraktionen
innerhalb der oberhessischen Oppositionsbewegung kann
als Hilfskonstruktion für eine bessere Beurteilung und ge-
nauere Differenzierung der verschiedenen Fassungen des
HL herangezogen werden. In etwa dem Maße, wie die nicht
erhaltene, ›neobabouvistische‹ März-Fassung Büchners hinsichtlich ihres sozialrevolutionären Potentials von Weidig
zur Juli-Fassung hin ›neojakobinisch‹ abgeschwächt worden
sein könnte, dürfte dann später die Juli-Fassung von den
Marburger Liberalen um Eichelberg zu einer stärker liberal
als sozialrevolutionär ausgerichteten Flugschrift abgemil-
dert worden sein. Am Ergebnis dieser erneuten ›Tendenzverschiebung‹, d. h. an der November-Fassung des HL,
kann man ablesen, wie stark die klassenkämpferische, anti-
liberale, antibourgeoise Tendenz des Büchnerschen Origi-
nals vom März stufenweise abgeschwächt, wie sehr durch
die wahrscheinlich hauptsächlich auf Eichelberg zurückge-
henden Abänderungen im Zweitdruck vom November der
ursprünglich »sozialrevolutionäre Ton in den des liberalen
Freiheitskampfes verwandelt« worden ist (Viëtor, 1950,
S. 103). Wie weit die beiden Druckfassungen des HL im ein-

zelnen von den ursprünglichen Tendenzen und Intentionen
der Büchnerschen März-Fassung wegführen mögen: der
Juli- wie der November-Druck dokumentieren nach Mayer
jeder auf seine Weise, daß sich Weidig wie Eichelberg »unter
dem Eindruck von Büchners Entwurf jeweils bis an die äu-
ßersten Grenzen ihres Horizonts bewegt haben« (Mayer,
1979b, S. 275).

Der *Hessische Landbote* im Spiegel der Prozeßakten[5]

Die Beurteilung des HL durch die Untersuchungsbehörden
ist in mehrfacher Hinsicht aufschlußreich. So läßt sich an
der juristischen Einschätzung der Flugschrift ablesen, wie
der HL im Verhältnis zu anderen zeitgenössischen Flugschriften hinsichtlich seiner Strafbarkeit, Gefährlichkeit und
Radikalität eingestuft wurde. Weiterhin läßt sich aus den
Charakteristiken der Behörden auf die Wirksamkeit bzw.
die Wirkungsmöglichkeit des HL bei den angesprochenen
Adressaten schließen, wie ja überhaupt die behördlichen
Äußerungen über die Flugschrift zu den wichtigsten Zeugnissen zur unmittelbaren Wirkungsgeschichte des HL gehören. Darüber hinaus verraten gerade die absprechendsten

5 Hier konnte nur bereits veröffentlichtes Prozeßaktenmaterial herangezogen
  werden. Es liegt vor: in den aktenmäßigen Darstellungen von Friedrich
  Noellner, Martin Schäffer und Ludwig Emil Mathis; in verschiedenen Arbeiten von Thomas Michael Mayer (vgl. bes. Mayer, 1979b, Mayer, Chronik, und Katalog Marburg, S. 156–164) sowie in den von Reinhard Görisch
  und Thomas Michael Mayer herausgegebenen *Untersuchungsberichten zur
  republikanischen Bewegung in Hessen 1831–1834* (Frankfurt a. M. 1982).
  – Zu dem bislang leider noch unveröffentlichten Material schreibt Thomas
  Michael Mayer in der Vorbemerkung zu »Georg Büchner. Eine kurze Chronik zu Leben und Werk«: »Die kommentierte Chronik [. . .] stützt sich [. . .]
  vor allem auf die rund 14 000 Seiten umfassenden, wiederentdeckten Ver-
  hörprotokolle und Akten der Prozesse gegen die revolutionär-demokrati-
  sche Bewegung in beiden Hessen, die ich nach Recherchen in mehr als zwei
  Dutzend Archiven zusammen mit allen Flugschriften vorläufig nur in Form
  eines privaten xerokopierten Arbeitsexemplares zusammenstellen konnte.«
  (Mayer, Chronik, S. 357 f.)

und negativsten Urteile über den HL, worin die Behörden die besondere Gefährlichkeit, d. h. die eigentliche agitatorische Zugkraft der Flugschrift sahen.

Aufschlußreich ist vor allem die strafgesetzliche ›Klassifikation‹, welche die Flugschriften der oberhessischen Oppositionsbewegung um Weidig durch den Referenten beim Gießener Hofgericht hinsichtlich des Grads ihrer Strafbarkeit erfahren haben. Während die anderen Flugschriften des Weidig-Kreises als »Schmähschriften« mit »beleidigenden Drohungen« bzw. mit »aufwieglerischer Tendenz« sowie als »volksaufwieglerische« Schriften mit »Majestätsbeleidigung« (Noellner, S. 108 f.) charakterisiert werden, wird der HL als eine »hochverräterische«, »unzweifelhaft revolutionäre Flugschrift« (Noellner, S. 109, 114) bezeichnet, wobei noch auf den »ganz besonders rücksichtslosen und gemeinen Ton dieser Schrift, welche alle andern an ehrverletzenden Äußerungen überbietet und als der Ausfluß der verwerflichsten Gesinnung, als das Product des frechsten, zügellosesten Republikanismus erscheint« (Noellner, S. 114), aufmerksam gemacht wird. Auch andere Juristen und Politiker wie Martin Schäffer, Ludwig Emil Mathis, Konrad Georgi und du Thil, der leitende Staatsminister von Hessen-Darmstadt, haben dem HL ein Höchstmaß an Gefährlichkeit und Radikalität attestiert und ihn superlativisch als »die bei weitem gefährlichste und strafbarste« (Schäffer, S. 48), als eine die anderen Flugschriften der Zeit »an Bösartigkeit weit hinter sich lassende Flugschrift« (Mathis, S. 63), als »ohne Frage [...] revolutionärste aller Schriften« (Georgi; zit. nach: Franz, 1973, S. 13), als eine »höchst revolutionäre Zeitschrift« (du Thil; zit. nach: Ruckhäberle, S. 245, Anm. 16) qualifiziert. Was den hochverräterischen, revolutionären Charakter der Flugschrift angeht, so ist der Tatbestand des Hochverrats nach Auffassung der Behörden deshalb gegeben, weil der HL »geradezu zum Umsturz des Bestehenden aufforderte« (Schäffer, S. 48), während die anderen Flugschriften des Weidig-Kreises »nur gegen einzelne Regierungshandlungen, nicht auf Umsturz oder Veränderung der Verfassung gerichtet« gewesen seien (Noellner, S. 113). Registrierenswert, wie genau der Staatsapparat erkannt hatte, daß der HL (so eine Akte vom 31. 1. 1835) »zu offenbarem Aufruhr und Umkehrung der bürgerlichen Ordnung« aufrief (zit. nach: Mayer, 1979b, S. 24).

Von der agitatorischen Sprengkraft des HL war insbesondere die Bundes-Zentralbehörde in Frankfurt überzeugt, die dem (Mit-)Verfasser der Flugschrift im April 1835 – unfreiwillig – ein großes Lob zollte, worüber sich Büchner gewiß spitzbübisch gefreut hätte: »Der Hessische Landbote ist nicht das Werk eines Studenten, sondern unverkennbar eines erfahrnen, gewandten und geübten demagogischen Schriftstellers, der die Studenten nur zur Verbreitung der Flugschrift benutzt haben wird.« (Katalog Darmstadt, S. 180, Randnote 477)

Die Betroffenheit, Heftigkeit, ja kaum verhüllte Empörung, mit der die Untersuchungsbehörden auf den Inhalt und Ton des HL reagierten, läßt den Schluß zu, daß die Wirkung bzw. die Wirkungsmöglichkeit der Flugschrift auf die angesprochenen Adressaten von den staatlichen Stellen nicht gering eingeschätzt wurde. Als besonders infam und verwerflich am HL wurde die Textstrategie der revolutionären Verwendung der Bibel empfunden. So moniert der hessische Hofgerichtsrat Friedrich Noellner, daß im HL »sogar die Religion des Friedens mit der Brandfackel des revolutionären Umsturzes vermengt und in deutlichen Zügen ausgeprägt« werde (Noellner, S. 108), und der Referent der Bundes-Zentralbehörde, der preußische Kammergerichtsrat Mathis, konstatiert mit vorwurfsvollem Unterton, daß im HL »unter Mißbrauch biblischer Sprache« der »Unterschied zwischen Begüterten und Nichtbegüterten als Unrecht dargestellt, zum Kampfe gegen die ersteren aufgerufen, und Aufruhr in einer Weise gepredigt« werde, »als ob er ein heiliges Werk sei« (Mathis, S. 63). Die staatstragenden

Justizbehörden scheinen nicht ganz zu Unrecht befürchtet zu haben, ihrer Monopolstellung hinsichtlich der ideologischen Bibelverwendung verlustig zu gehen, d. h. die Bibel und die Religion als ein wichtiges Instrument der ideologischen Rechtfertigung und Fortschreibung der bestehenden Verhältnisse zu verlieren, mußte doch der »Anspruch der Reaktion auf die Religion als Bann gegen die Revolution« (Ruckhäberle, S. 216) in Frage gestellt werden, wenn es der Gegenseite gelang, die Bibel für ihre revolutionären, kaum weniger ideologischen Zwecke einzusetzen und wirksam werden zu lassen.

Bei aller Sorge um den Bestand des politischen und sozialen Status quo, bei aller tatsächlichen und eingebildeten Revolutionsfurcht, die freilich von den Regierenden und Herrschenden auch bewußt geschürt und vorgeschoben und damit gezielt »als Mittel restaurativer Politik eingesetzt« wurde (Ruckhäberle, S. 168), waren die Untersuchungsbehörden jedoch keineswegs so naiv und realitätsblind anzunehmen, daß eine staatsgefährdende, »eine ›erfolgreiche‹ Flugschrift auf der Stelle Insurrektionen und die Revolution« hätte »auslösen können« (Mayer, Chronik, S. 385). Konrad Georgi, der Gießener Universitätsrichter und spätere Hofgerichtsrat, jedenfalls hielt eine »positive Äußerung« über »Anklang« und »Wirkungen« von Flugschriften einschließlich der beiden *Landboten*-Drucke für »beinahe unmöglich«, da »deren Eindrücke unmerklich fortwährend« seien und »nur nach und nach« wirkten (zit. nach: Mayer, Chronik, S. 385). Diese Einschätzung der Wirkungsmöglichkeiten von Flugschriften entspricht ziemlich genau der Wirkungsabsicht vieler Flugschriftsteller der Vormärzzeit, die ihre Flugschriften in der Regel nicht als Vehikel zur unmittelbaren Vorbereitung der revolutionären Tat betrachtet, sondern vielmehr »bewußt langfristig als Agitationsmedien zur Bildung revolutionären Bewußtseins angelegt« haben (Ruckhäberle, S. 168). Gerade Büchner scheint sich – dies spricht wieder einmal mehr für seinen realpolitischen

Sinn – keinerlei Illusionen über die ›Machbarkeit‹ von
Revolutionen durch Flugschriften gemacht zu haben, überliefert doch Wilhelm Schulz glaubhaft als Büchners ›Über-
zeugung‹ folgendes wörtliches Diktum in doppelten Anführungszeichen: »Zwar lassen sich Revolutionen nicht
machen, am wenigsten durch Flugschriften, selbst wenn
diese die Nothzustände noch so treffend *schildern*. Ist aber
die Volksbewegung einmal da, so muß sie mit denselben
Triebfedern der materiellen Interessen, die sie erzeugt haben, auch im Gange erhalten werden.« (Schulz, 1851, S. 81)

Inhalt

Georg Büchner

IN RECLAMS UNIVERSAL-BIBLIOTHEK

Philipp Reclam jun. Stuttgart

Büchner-Preis-Reden 1951–1971

Mit einem Vorwort von Ernst Johann. 248 S. UB 9332

Gottfried Benn (1951) – Ernst Kreuder (1953) – Martin Kessel (1954) – Marie Luise Kaschnitz (1955) – Karl Krolow (1956) – Erich Kästner (1957) – Max Frisch (1958) – Günter Eich (1959) – Paul Celan (1960) – Hans Erich Nossack (1961) – Wolfgang Koeppen (1962) – Hans Magnus Enzensberger (1963) – Ingeborg Bachmann (1964) – Günter Grass (1965) – Wolfgang Hildesheimer (1966) – Heinrich Böll (1967) – Golo Mann (1968) – Helmut Heißenbüttel (1969) – Thomas Bernhard (1970) – Uwe Johnson (1971)

Büchner-Preis-Reden 1972–1983

Mit einem Vorwort von Herbert Heckmann. 229 S. UB 8011

Elias Canetti (1972) – Peter Handke (1973) – Hermann Kesten (1974) – Manès Sperber (1975) – Heinz Piontek (1976) – Reiner Kunze (1977) – Hermann Lenz (1978) – Ernst Meister (1979) – Christa Wolf (1980) – Martin Walser (1981) – Peter Weiss (1982) – Wolfdietrich Schnurre (1983)

Büchner-Preis-Reden 1984–1994

Herausgegeben von der Deutschen Akademie für Sprache und Dichtung. Vorwort von Herbert Heckmann. 272 S. Mit 11 Fotos von Isolde Ohlbaum. UB 9313

Ernst Jandl (1984) – Heiner Müller (1985) – Friedrich Dürrenmatt (1986) – Erich Fried (1987) – Albert Drach (1988) – Botho Strauß (1989) – Tankred Dorst (1990) – Wolf Biermann (1991) – George Tabori (1992) – Peter Rühmkorf (1993) – Adolf Muschg (1994)

Philipp Reclam jun. Stuttgart